NICOLA VOLLKOMMER

PRÜFT ALLES UND BEHALTET DAS GUTE!

DAS BUCH ZUR JAHRESLOSUNG 2025

NICOLA
VOLLKOMMER

PRÜFT ALLES UND BEHALTET DAS GUTE!

Nicola Vollkommer
Prüft alles und behaltet das Gute!
Das Buch zur Jahreslosung 2025

Best.-Nr. 271948
ISBN 978-3-86353-948-1
Christliche Verlagsgesellschaft Dillenburg

Für die Jahreslosung aus 1. Thessalonicher 5,21 wurde folgende
Bibelübersetzung verwendet:
Einheitsübersetzung der Heiligen Schrift
© 2016 Katholische Bibelanstalt GmbH, Stuttgart.

Wenn nicht anders angegeben, wurde für alle anderen Bibelzitate
folgende Bibelübersetzung verwendet:
Elberfelder Bibel 2006, © 2006 by SCM R.Brockhaus in der SCM
Verlagsgruppe GmbH Witten/Holzgerlingen.

Außerdem wurde verwendet:
Lutherbibel (LUT), revidierter Text 2017
© 2016 Deutsche Bibelgesellschaft, Stuttgart.

1. Auflage
© 2024 Christliche Verlagsgesellschaft Dillenburg
www.cv-dillenburg.de

Satz und Umschlaggestaltung:
Christliche Verlagsgesellschaft Dillenburg

Druck: GGP Media GmbH, Pößneck
Printed in Germany

Wenn Sie Rechtschreib- oder Zeichensetzungsfehler entdeckt haben,
können Sie uns gern kontaktieren: info@cv-dillenburg.de

INHALT

1. THESSALONICHER 5

¹Was aber die Zeiten und Zeitpunkte betrifft, Brüder, so habt ihr nicht nötig, dass euch geschrieben wird.
²Denn ihr selbst wisst genau, dass der Tag des Herrn so kommt wie ein Dieb in der Nacht.
³Wenn sie sagen: Friede und Sicherheit!, dann kommt ein plötzliches Verderben über sie, wie die Geburtswehen über die Schwangere; und sie werden nicht entfliehen.
⁴Ihr aber, Brüder, seid nicht in Finsternis, dass euch der Tag wie ein Dieb ergreift;
⁵denn ihr alle seid Söhne des Lichtes und Söhne des Tages; wir gehören nicht der Nacht und nicht der Finsternis.
⁶Also lasst uns nun nicht schlafen wie die Übrigen, sondern wachen und nüchtern sein!
⁷Denn die da schlafen, schlafen bei Nacht, und die da betrunken sind, sind bei Nacht betrunken.
⁸Wir aber, die dem Tag gehören, wollen nüchtern sein, bekleidet mit

dem Brustpanzer des Glaubens und der Liebe und als Helm mit der Hoffnung des Heils.

9 Denn Gott hat uns nicht zum Zorn bestimmt, sondern zum Erlangen des Heils durch unseren Herrn Jesus Christus,

10 der für uns gestorben ist, damit wir, ob wir wachen oder schlafen, zusammen mit ihm leben.

11 Deshalb ermahnt einander und erbaut einer den anderen, wie ihr auch tut!

12 Wir bitten euch aber, Brüder, dass ihr die anerkennt, die unter euch arbeiten und euch vorstehen im Herrn und euch zurechtweisen,

13 und dass ihr sie ganz besonders in Liebe achtet um ihres Werkes willen. Haltet Frieden untereinander!

14 Wir ermahnen euch aber, Brüder: Weist die Unordentlichen zurecht, tröstet die Kleinmütigen, nehmt euch der Schwachen an, seid langmütig gegen alle!

¹⁵Seht zu, dass niemand einem anderen Böses mit Bösem vergilt, sondern strebt allezeit dem Guten nach gegeneinander und gegen alle!

¹⁶Freut euch allezeit!

¹⁷Betet unablässig!

¹⁸Sagt in allem Dank! Denn dies ist der Wille Gottes in Christus Jesus für euch.

¹⁹Den Geist löscht nicht aus!

²⁰Weissagungen verachtet nicht,

²¹**prüft aber alles, das Gute haltet fest!** ²²**Von aller Art des Bösen haltet euch fern!**

²³Er selbst aber, der Gott des Friedens, heilige euch völlig; und vollständig möge euer Geist und Seele und Leib untadelig bewahrt werden bei der Ankunft unseres Herrn Jesus Christus!

²⁴Treu ist, der euch beruft; er wird es auch tun.

²⁵Brüder, betet für uns!

²⁶Grüßt alle Brüder mit heiligem Kuss!

²⁷Ich beschwöre euch bei dem Herrn, dass der Brief allen Brüdern vorgelesen wird.

²⁸Die Gnade unseres Herrn Jesus Christus sei mit euch!

VORWORT

Die Ermahnung des Apostels Paulus *„Prüft alles und behaltet das Gute"* gehörte für mich lange Zeit zu den weniger inspirierenden Versen in der Bibel, die ich gern übersprang, weil sie zu sehr nach erhobenem Zeigefinger klangen. Nicht gerade Stoff für ein nettes Spruchkärtchen mit Blumenmotiv. Bestenfalls sah ich die Ermahnung des Paulus als Vertröstung, wenn ich nicht so recht wusste, wie eine Situation einzuordnen oder ein Mensch zu beurteilen ist, vor allem wenn es um biblische Themen ging. „Na ja, etwas Gutes wird schon dabei sein." Wir alle haben unsere Macken, keiner von uns besitzt ein Monopol, wenn es um Wahrheit geht. Leben und leben lassen. Wer nicht gegen uns ist, muss für uns sein. So meine Gedankengänge in hitzigen Debatten. „Iss das Hähnchen und spucke die Knochen aus", meinte einmal ein Prediger zu uns. Dieser Spruch gefiel mir, sparte er mir doch die Mühe, mich mit einem umstrittenen Thema auseinanderzusetzen, womöglich zu einem negativen Urteil zu kommen und mich dadurch unbeliebt zu machen oder als übereifrige Frömmlerin abgestempelt zu werden. Ich wollte nicht zu denen gehören, die dem Goldenen Kalb der allgegenwärtigen „Toleranz" mit großer Schadenfreude Hiebe versetzen. Stattdessen sicherte ich mir dank Paulus meinen Ruf als ewig sonnige und ermutigende Persönlichkeit, die immer das Gute in einer Sache oder einer Person sieht.

Nichts könnte von der wahren Bedeutung dieses Spruchs weiter entfernt sein. Inzwischen habe ich gelernt, Bibelverse in ihrem Kontext zu lesen und sie auch für mein Leben so zu verstehen, wie sie gemeint waren, und sie genau so zu vertreten – mein eigenes Image hin oder her.

Die Ermahnung des Apostels Paulus „*Prüft alles und behaltet das Gute*" ist an die Christen in der griechischen Stadt Thessalonich gerichtet, die in extremer Bedrängnis leben. Die christliche Szene ist bereits kurz nach der Himmelfahrt Jesu mit exotischen Irrlehren überflutet, und die Verfolgung der wahren Nachfolger Jesu nimmt rasant zu. Paulus schreibt seinen Brief im Stil eines militärischen Generals, der kurz vor einer gefährlichen Bodenoffensive letzte Direktiven an Streitkräfte richtet, knappe *Last-minute*-Befehle, die mit apokalyptischer Dringlichkeit herausgeschleudert werden.

„Prüft alles und behaltet das Gute" ist einer dieser Befehle, ein Ruf zur Wachsamkeit in verworrenen Zeiten. Wenn dieser Appell damals schon dringlich war, wie viel mehr heute! Was bedeuten diese Worte des Apostels für uns? Auf dieser Spur wollen wir Paulus, unserem Glaubensvorbild, als Wegbegleiter folgen.

Denn eines ist klar: Diese Worte sind keine höfliche Empfehlung, von klaren geistlichen Bewertungen abzusehen, weil ja in allem etwas Gutes herauszuholen ist, so wie ich sie früher verstanden habe. Sie sind auch kein Ausweichmanöver, um Böses nicht böse nennen zu müssen. Sondern sie sind Teil einer mutmachenden Predigt, in der Christen mitten in einer Untergangsstimmung aufgefordert werden, sich an den klaren Eckpfeilern der ersten Apostel zu orientieren und mit der unmittelbar bevorstehenden Wiederkunft Jesu zu rechnen.

Die Aktualität dieser Worte für die Tage, in denen wir leben, springt aus den Seiten dieser Briefe schneller denn je ins Auge moderner Leser. Es sind nicht nur Mahnworte, sondern auch Siegesrufe. Es geht Paulus nicht darum, dass seine Freunde irgendwie überleben – mit letzter Mühe gerade noch den Kopf über Wasser halten –, sondern darum, dass sie *überwinden*. Dass sie drohenden Gefahren und sogar dem Tod erhobenen Hauptes ins Gesicht sehen und dabei nicht zusammenbrechen. In diesem Buch wollen wir die Mahnungen des Paulus in seinem Brief an die Christen in Thessalonich auspacken, uns mit ihren Hintergründen befassen und darüber staunen, wie aktuell, mutmachend und richtungsweisend sie auch für uns sind. Denn auch wir müssen lernen, in verwirrenden Zeiten alles zu prüfen, und das Gute zu erkennen, das wir festhalten sollen!

Ich verdanke meinem Mann und den anderen Ältesten in der Christlichen Gemeinde Reutlingen mit ihren klaren Predigten manche der Gedanken, die in diesem Buch enthalten sind. In der Auflistung gängiger, vermeintlich christlicher Aussagen haben meine Tochter Jessica und meine Schwiegertochter Johanna ihre Beobachtungen und Schlussfolgerungen beigetragen. Es ist mein Gebet, dass diese Impulse für die Leser dieses Buchs eine Ermutigung sind und dazu beitragen, dass Glaube gefestigt wird und Gemeinden gestärkt werden.

NICOLA VOLLKOMMER

WER SIND DIE MENSCHEN, DIE „ALLES PRÜFEN" SOLLEN?

1

ENDZEITSTIMMUNG IN EINER VON LEID GEBEUTELTEN GEMEINDE

Paulus' Schreiben an die Christen in Thessalonich ist vermutlich einer seiner frühesten Briefe an eine Gemeinde, vielleicht sogar der erste. Die Stadt Thessalonich erscheint im siebzehnten Kapitel der Apostelgeschichte zum ersten Mal auf dem biblischen Radar, mitten in Paulus' zweiter Missionsreise. Paulus, zusammen mit seinem Reisebegleiter Silas, erholt sich gerade von jenem Gefängnisaufenthalt in Philippi, der auf dramatische Weise durch ein Erdbeben unterbrochen wurde. Darauf folgte die sensationelle Bekehrung des Gefängniswärters und eine heftige feindliche Gegenoffensive der dort ansässigen Juden. Nach kurzen Zwischenstopps in Amphipolis und Apollonia, die zwischen Philippi und Thessalonich liegen, sind die zwei Missionare nun in der Hafenstadt angekommen und besuchen die dortige Synagoge, wie es bei der Ankunft in einer unbekannten Stadt für sie üblich ist (Apg 17,2). Thessalonich ist zu dieser Zeit Hauptstadt der römischen Provinz Mazedonien und Sitz des römischen Prokonsuls. Die Stadt ist aufgrund ihrer günstigen und zentralen Lage für die Predigt des Evangeliums strategisch wichtig. Sie gilt als „Hotspot" des globalen Handels. Handelsschiffe legen Tag und Nacht in ihrem Hafen an und die berühmte „Via Egnatia" führt durch die Stadt. Diese Durchgangsstraße verbindet Rom mit dem Orient.

Thessalonich zeichnet sich auch durch ihr großzügiges Angebot an Götzen aus. Die Kulte der Isis (in der griechischen Mythologie Herrin der Unterwelt), des Sarapis (bekannt für seine Wunderheilungen), des Dionysos (Gott des Weins) und der Kabiren (Fruchtbarkeitsgötter) beherrschen die religiöse Landschaft und machen mit ihren gebündelten Kräften von Alkohol, Sex und der Anbetung von Dämonen aus Thessalonich einen regelrechten Sündenpfuhl. Die Gemeindegründung in Thessalonich fängt zunächst gut an. In der Synagoge stehen den beiden Verkündigern zu Beginn ihres Aufenthalts in der Stadt die Türen weit offen.

Nach seiner Gewohnheit aber ging Paulus zu ihnen hinein und unterredete sich an drei Sabbaten mit ihnen aus den Schriften, indem er eröffnete und darlegte, dass der Christus leiden und aus den Toten auferstehen musste, und dass dieser der Christus ist; der Jesus, den ich euch verkündige. (Apg 17,2-3)

Das Ergebnis dieser drei Wochenend-Einsätze kann sich sehen lassen. Einige der Juden sind überzeugt, ebenso wie *„eine große Menge von den anbetenden Griechen und nicht wenige der vornehmsten Frauen"* (V. 4).

Es herrscht eine Aufbruchstimmung, von der wir in unserer westlichen Welt nur träumen können. Ein Gemeinde-Start-up wie aus dem Bilderbuch. Die Verfolgung der beiden Missionare, die auf diesen raketenartigen Anfang folgt, kommt nicht aus der Richtung, aus der man sie zunächst erwarten würde: von den heidnischen Kultanhängern. Es sind die Traditionsjuden, die sofort Alarm schlagen und alles daransetzen, die Erweckung im Keim zu ersticken. Für die Missionare wird es gefährlich. Paulus und Silas müssen sich schnell aus dem Staub machen, um eine Wiederholung der brenzligen Lage in Philippi zu vermeiden. Ihre Feinde lassen ihre Wut stattdessen an dem Synagogenvorsteher Jason aus, der die beiden Diener Gottes während ihres Aufenthalts in Thessalonich beherbergt hat. Es kommt zu Übergriffen. Der Widerstand, mit dem es die Neubekehrten zu tun haben, muss mehr als beängstigend sein:

Die Juden ... nahmen einige böse Männer vom Gassenpöbel zu sich, machten einen Volksauflauf und brachten die Stadt in Aufruhr; und sie traten vor das Haus Jasons und suchten sie unter das Volk zu führen. Als sie sie aber nicht fanden, schleppten sie Jason und einige Brüder vor die Obersten der Stadt und riefen: Diese, die den Erdkreis aufgewiegelt haben, sind auch hierher gekommen, die hat Jason beherbergt; und diese alle handeln gegen die Verordnungen des Kaisers, da sie sagen, dass ein anderer König sei: Jesus. Sie beunruhigten aber die Volksmenge und die Obersten der Stadt, die dies hörten. Und nachdem sie von Jason und den Übrigen Bürgschaft genommen hatten, ließen sie sie frei. (Apg 17,5-9)

Die Juden bedienen sich interessanterweise der gleichen frei erfundenen Klagen, die gegen Jesus erhoben wurden: Staatsverrat und Rebellion gegen den Kaiser. Den Namen eines anderen Königs in den Mund zu nehmen, geschweige denn, diesen zu verehren und als oberste Autorität anzuerkennen, ist Majestätsbeleidigung höchsten Grades gegen den römischen Kaiser. Ironischerweise stellen die vielfältigen anderen Götter für den römischen Staatsapparat keine Bedrohung dar. In ihrem Feldzug von Hass und Verfolgung gegen die Christen sind diese Männer durch nichts zu stoppen. Sie holen Paulus und Silas gleich an der nächsten Station ihrer Reise, einer Stadt namens Beröa, ein, wo die zwei Prediger in der Synagoge wohlwollender aufgenommen werden als in Thessalonich: Sie *„gingen, als sie angekommen waren, in die Synagoge der Juden. Diese aber waren edler als die in Thessalonich; sie nahmen mit aller Bereitwilligkeit das Wort auf und untersuchten täglich die Schriften, ob dies sich so verhielt"* (Apg 17,11).

Dass die neue Christusverehrung ausgerechnet unter den Juden einen weiteren Aufschwung erlebt, kommt für die Fanatiker aus Thessalonich überhaupt nicht in Frage. Die Opposition lässt nicht lange auf sich warten. Auch in Beröa *„beunruhigten und erregten (sie) die Volksmengen"* (V. 13). Paulus ist schon wieder gezwungen, sich außer Gefahr zu bringen; Silas und der junge Timotheus bleiben dort und sollen Paulus später folgen.

Die Bedrängnisse, denen die neu gegründete Gemeinde zu Thessalonich ausgesetzt ist, ist mit der Abreise des Paulus alles andere als vorbei. Eine Zeit lang ist der Apostel sogar verhindert, dorthin zurückzukehren (1Thes 2,18). Aus verschiedenen Hinweisen in den Schriften von Paulus können wir eine grobe Timeline seiner Kontakte zu den Christen in Thessalonich erstellen. Es kann gut sein, dass er sich dort länger aufgehalten hat, als man ausgehend von Lukas' Erzählung in der Apostelgeschichte vermuten würde (17,2). Es werden zwar drei Sabbate erwähnt, aber diese Aussage könnte sich auf die Zahl seiner Lehreinsätze in der Synagoge beziehen, nicht notwendigerweise auf die Länge seines Aufenthalts. Wie dem auch sei – klar ist, dass hier ein solides geistliches Werk entstanden ist, an dem Paulus von ganzem Herzen hängt, denn *„wir sind in eurer Mitte zart gewesen, wie eine stillende Mutter ihre Kinder pflegt"* (1 Thes 2,7). Klar, dass er seit seiner hastigen Flucht aus der Stadt vor Sorge innerlich zerrissen ist und sich über die neu entstandene Gemeinde viele Gedanken macht.

Die Christen in Thessalonich haben sich durch ihre vorbildliche Glaubensfestigkeit einen guten Ruf gemacht, nicht nur in Mazedonien und Achaja, sondern *„an jedem Ort"* (1 Thes 1,8). Außerdem ist eine gut etablierte geistliche Leiterschaft fleißig am Werk. Paulus ermahnt die Gemeindeglieder, *„die zu erkennen, die unter euch arbeiten und euch vorstehen im Herrn"* (1 Thes 5,12). Aus seinem Brief an die Philipper (4,15-16) erfahren wir, dass die Christen in Thessalonich für die Gemeinde in Philippi eine Spende eingesammelt haben. Diese Christen sind im Glauben so weit gefestigt, dass sie einen fürsorglichen Blick für die Nöte anderer Gemeinden haben.

Paulus schreibt seine Briefe an die Thessalonicher vermutlich aus Korinth, wo er nach den vielen Strapazen der zweiten Missionsreise bei seinen

Freunden Aquila und Priszilla Unterschlupf gefunden hat und seinen Gastgebern in ihrem Handwerksbetrieb dient, indem er aus Ziegenhaar Planen für Zelte webt. Zwischen den Arbeitsstunden im Zeltbetrieb und den Zusammenkünften bei Titius Justus, in dessen Haus die Christen sich treffen, verfasst er diese bewegenden Zeilen an die Gemeinde zu Thessalonich. Dies wird etwa 50 n. Chr. gewesen sein. Paulus hat Timotheus von Athen aus nach Thessalonich zurückgesandt, um die Gläubigen dort in seinem Auftrag zu ermutigen und im Glauben zu festigen (1 Thes 3,1-15). Der Brief ist eine erleichterte Reaktion auf die guten Nachrichten, die Timotheus mitgebracht hat: Die Gläubigen in Thessalonich sind wohlauf. Gleichzeitig werden Paulus' Befürchtungen bestätigt, dass die militante Gegenkampagne der Juden auch nach seiner Abreise mit unveränderter Hartnäckigkeit weitergeführt wird. In den Briefen ist wiederholt von Drangsal und Verfolgung die Rede (1 Thes 1,16; 2,14; 2 Thes 1,4.6).

IN DEN FUSSSTAPFEN DES APOSTELS

Einmal kam ich in den Genuss, gemeinsam mit einer Freundin entlang der Hafenpromenade des heutigen Thessaloniki – derzeit die zweitgrößte

Stadt Griechenlands, auch Saloniki oder Salonika genannt – zu schlendern. Wie alle Hafenstädte der Antike ist die Stadt, die Paulus damals so sehr am Herzen lag, kaum wiederzuerkennen. Heute ist sie ein moderner kultureller Schmelztiegel und Standort vieler historischer Sehenswürdigkeiten. Anders als bei anderen alten Städten wie Jerusalem werden sich hier allerdings die Grundkonturen der Hafenstadt seit der Zeit von Paulus & Co kaum geändert haben. Man kann sich alles so gut vorstellen: die Schiffe aus aller Welt, die Tag und Nacht anlegen und wieder ausfahren, die Fischernetze, die auf den Hafenmauern zum Trocknen ausgebreitet sind, die Wohnungen und Häuser, die in Bauterrassen kaskadenähnlich den steilen Berg schmücken, den legendären Olymp, Heimat der griechischen Götter, der auch heute hoch über der Stadt ragt und mit grimmigem Blick heruntersieht. Für sportliche Touristen ein beliebtes Wanderziel, für Bibelkenner eine nüchterne Erinnerung an die allgegenwärtigen fremden Götter, die auch unsere Zeit mit ihren Ideologien durchsetzen und prägen.

Wir wanderten am Ufer des berühmten Thermaischen Golfes entlang, liefen am Wahrzeichen von Thessaloniki, dem weißen Turm, vorbei, erreichten den halbkreisförmigen „Platia Aristotelous" (Platz des Aristoteles) und begutachteten die

Bronzestatue des legendären griechischen Philosophen. Überreste eines römischen Forums und zweier römischer Bäder sowie die Ruinen eines Theaters sorgen für noch mehr antikes Flair. Hier fiel es mir leicht, mir den Apostel vorzustellen, der sehnsüchtig auf diese strategisch gelegene Kleinmetropole hinunter- und zum hochragenden Olymp, der Zentrale der Götter, hinaufblickte, und einen Drang verspürte, die Auferstehung Jesu gerade hier bekannt zu machen. Wie sein Herz Sprünge gemacht haben muss, als seine Botschaft auf offene Ohren stieß und sofort Frucht brachte (Apg 17,4)!

„PRÜFT ALLES" – ABER NACH WELCHEM MASSSTAB?

2

DIE RICHTSCHNUR, AN DER SICH ALLES MISST

„Prüft alles und behaltet das Gute." Um diese Aufforderung richtig zu verstehen, müssen wir den Hintergrund noch ein wenig tiefer erforschen. Die Christen in Thessalonich wussten genau, was Paulus mit dieser Ermahnung meinte, vermutlich besser als viele moderne Christen. Denn Paulus hatte solide Grundlagen in der Gemeinde gelegt.

Was ist denn die Botschaft, die Paulus an den drei entscheidenden Sabbat-Gottesdiensten in der Gemeinde zu Thessalonich mit Nachdruck predigte – die Botschaft, die die Juden dort so sehr zur Weißglut trieb, weil die ersten Missionare mit ihr *„den Erdkreis aufgewiegelt haben"*? Diese Botschaft ist verblüffend einfach in einem kurzen Vers zusammengefasst: Paulus *„unterredete sich … mit ihnen aus den Schriften"* (Apg 17,2).

Die Schrift, das Wort Gottes – unser Altes Testament oder für die Juden damals die Thora –, ist für Paulus Maß und Richtschnur für alles, was er predigt und lehrt, auch für die knappen Anweisungen, die er im fünften Kapitel seines ersten Briefes auflistet. Wer keinen Kompass hat, mit dem er sich orientiert, kann nicht wissen, ob er in die richtige Richtung läuft. Eine Wasserwaage dient dazu, die genaue Ausrichtung eines Objektes zu überprüfen, und garantiert, dass ein Bild in perfekter Position an der Wand hängt, oder dass der Schrank gerade steht. Die senkrechte Stellung einer Mauer lässt sich mit einem Senkblei prüfen. Diese Geräte sind wichtige Werkzeuge für den, der sicherstellen will, dass sein Handeln und Arbeiten der Prüfung anhand eines objektiven Maßstabes standhält.

Das Hauptkennzeichen eines sündigen Menschen ist, dass er selbst dieser Maßstab sein will. Er will nicht geprüft werden. Er will selbst Gott sein; selbst bestimmen, was recht ist und was nicht; selbst entscheiden, wie der Schrank stehen oder das Bild hängen soll. Er will sein eigenes Senkblei sein, flexibel und biegsam. Je nach Tagesform, je nach momentaner Lust und Laune.

Für Diener Gottes ist dieser objektive Maßstab das Wort Gottes. Für Jesus war die absolute Autorität dieses Wortes alternativlos. Eine der dramatischsten Episoden in seinem Kampf gegen den Feind findet am Anfang seiner drei Dienstjahre in der Wüste statt. Mit dem kurzen Satz, *„es steht geschrieben"* (Mt 4,4), läutet Jesus seine Gegenoffensive auf die Einladung des Feindes ein, einen bequemen geistlichen Weg zu suchen und das Kreuz zu umgehen.

„Habt ihr nicht gelesen ...?" (Mt 12,3 und 19,4), schießt er zurück, als die Pharisäer seine Worte

infrage stellen. Nicht: „Habt ihr nicht erlebt?", oder: „Habt ihr nicht erkannt?", oder: „Habt ihr nicht gespürt?" Himmel und Erde werden vergehen, aber seine Worte nicht, betont er an einer anderen Stelle (Mt 24,35), und bekräftigt diese Aussage immer wieder mit Nachdruck, zum Beispiel in Matthäus 5,18-19:

> *Bis der Himmel und die Erde vergehen, soll auch nicht ein Jota oder ein Strichlein von dem Gesetz vergehen, bis alles geschehen ist. Wer nun eins dieser geringsten Gebote auflöst und so die Menschen lehrt, wird der Geringste heißen im Reich der Himmel; wer sie aber tut und lehrt, dieser wird groß heißen im Reich der Himmel.*

Jesus beruft sich in seiner Lehre kompromisslos auf die alten Schriften. Selbst auf dem Weg zum Kreuz zitiert er das Wort Gottes (Lk 23,28; Mt 27,46). Es fließt aus ihm heraus, auch mitten in qualvollem Schmerz. *„Dein Wille geschehe"* lautet das Motto seines Lebens. Mit anderen Worten: „Meine Richtschnur im Leben ist das, was *du* willst und mir vorschreibst – ob es mir gerade passt oder nicht –, nicht das, was mein eigenes Herz sagt." Wer „alles prüft", um das Gute zu behalten, fragt sich in allen Spannungsfeldern des Lebens: „Was sagt das Wort

Gottes?", und passt sein Denken und Verhalten, dem Beispiel Jesu folgend, diesem Prüfstein an.

Die Bibel, das Wort Gottes, legt sich selbst aus, sie muss nicht verteidigt, angepasst oder weichgespült werden. Sie braucht weder Anwälte, die sich für ihre Ecken und Kanten entschuldigen, noch religiöse Ideologen, die sie mit pharisäischem Kalkül als Keule gegen andere missbrauchen. Sie muss geglaubt, beachtet, entfesselt werden. Sie ist und bleibt der Prüfstein, der Kompass, an dem sich alles andere orientiert.

An keiner Stelle deuten Jesus, Paulus oder andere Verfasser des Neuen Testaments an, dass diese Schriften ein lebendiger Organismus sind, der mit jedem neuen Zeitalter neu geprüft, „kontextualisiert", dem Zeitgeist angepasst, revidiert werden muss.

„Aaah, aber man kann es nicht so penibel interpretieren."

„Wenn es nur so einfach wäre ..."

„Tja, das war damals. Wir leben in anderen Zeiten."

„Wir dürfen nicht so schwarz-weiß denken, wir müssen differenzieren."

„Ambiguitätstoleranz, Weltoffenheit brauchen wir heutzutage."

Solche oder ähnliche Sätze bekomme ich bei meinen Besuchen in verschiedenen Frauengruppen oft zu hören. In der Bibel finden wir sie nicht. Nicht einmal Andeutungen von solchen Ideen. An keiner Stelle gibt es Kleingedrucktes mit Ausnahmen, Ergänzungen und Hinweisen auf Updates für aufgeklärtere Zeiten. Die Schrift selbst klärt ja jede Zeitepoche auf! Zivilisierter, fortschrittlicher, moralischer geht es nirgendwo zu als in den Gesetzen Gottes. Eine Gesellschaft, die die Zehn Gebote konsequent als Grundgesetz beachten würde, könnte auf Polizei, Psychologen, Scheidungsgerichte und Gefängnisse komplett verzichten, und würde geradezu in Wohlstand schwelgen. Denn die Gebote Gottes sind das einzige Rettungsseil, das es für eine gefallene Schöpfung gibt. Zeiten, Trends, Moden mögen sich ändern, aber eine Sache ändert sich nicht: die Niedertracht einer gefallenen Seele. Genau an diese absolut zeit- und kulturübergreifende Bosheit des menschlichen Herzens ist Gottes Wort gerichtet. Gerade deshalb sind die Schriften logischerweise zeitlos, bindend und vertrauenswürdig. Für Jesu erste Nachfolger steht das außer Zweifel.

Logisch, dass die erste Kampffront damals wie heute für jeden ernsten Jünger Jesu der Kampf um die Integrität des Wortes Gottes ist. Es gab keine Zeit in der Kirchengeschichte, in der nicht in irgendeiner Form versucht wurde, diesen Schriften ihre Gültigkeit zu nehmen. Der Feind weiß: Wenn er das Wort Gottes aushöhlen und verharmlosen kann, dann hat er den Christen ihre Kraftquelle genommen. Das Licht erlischt, das Salz verliert seinen Geschmack, und die letzte Chance für einen Menschen, sich dem Licht der Welt zuzuwenden, ist damit verflogen.

DAS HERZSTÜCK, MIT DEM ALLES STEHT ODER FÄLLT

Während seines Besuchs in Thessalonich berief sich Paulus, wie immer, auf die Schriften, als er *„eröffnete und darlegte, dass der Christus leiden und aus den Toten auferstehen musste und dass dieser der Christus ist; der Jesus, den ich euch verkündige"* (Apg 17,2-3).

Paulus macht klar: Die Auferstehung Jesu ist Dreh- und Angelpunkt für alles, was Christen glauben und tun. Wir haben es in den entscheidenden Themen nicht mit verschiedenen Auslegungsvarianten der Bibel zu tun, sondern mit der einfachen Frage: Sind diese Dinge passiert oder nicht? Unsere Argumente stehen und fallen mit dem leeren Grab. Wenn Ostersonntag wirklich passiert ist, dann sind die Worte Jesu absolut zuverlässig. Wenn seine Worte zuverlässig sind, dann sind die alten Texte der Thora, aus denen er immer wieder zitiert, auch zuverlässig. Dann ist Heiligung im Leben seiner Nachfolger kein Zwang, sondern ein freudiges, vom Heiligen Geist gewirktes Bedürfnis im Herzen von jedem, der wiedergeboren ist.

Geistliche Aufbrüche, sowohl in der Bibel als auch in der Kirchengeschichte, ergeben sich niemals aus Aussagen wie: „Ich sehe es lockerer", „Es gibt auch andere Sichtweisen dazu", „Man muss es differenziert sehen", „Seid doch nicht so engstirnig!" und „Man muss seinen Horizont erweitern!"

Ein Zyniker wollte mir einmal weismachen, dass auch Jesus ein Kind seiner Zeit gewesen sei, und seine deftigen Sprüche über Sünde, Hölle und Gottes Zorn nicht ernst gemeint haben könne. Oder dass sie in der barbarischen Vorzeit für die Höhlenmenschen akzeptabel gewesen wären, nicht aber für uns heute. Im Neuen Testament sei Gott doch nett geworden. *„Prüft alles und behaltet das Gute"* – das heiße: Behalte, was in dein Lebensgefühl passt!

Da muss ich schmunzeln. „Nett" geworden? Der Herr, der uns auffordert, lieber die Hand, die sündigt, zu amputieren als ganzheitlich in die Hölle zu wandern? Der Herr, der die Händler gewaltsam aus dem Tempel gejagt hat und sich nicht scheut, vor dem Horror einer Ewigkeit zu warnen, in der Weinen und Zähneknirschen herrschen wird? Ich wies meinen zynischen Gegner darauf hin, dass die einzige Jesus-Frage, die nach einer Antwort verlangt, die Frage nach der Auferstehung ist. Wenn Jesus den Tod tatsächlich besiegt und Verwesung und Vergänglichkeit aufgehoben hat, dann können seine Worte nicht von der Hand gewiesen werden. Dann hat er in allem recht, was er verkündet, ob es uns passt oder nicht. Da muss ich nichts prüfen, sortieren, über Bord werfen. Wenn er über die Dringlichkeit der Umkehr redet und uns die Schrecken einer Ewigkeit ohne Gott vor Augen führt, dann müssen wir ihn ernst nehmen. Wenn er uns ermahnt, dass wir mit absoluter Konsequenz mit Sünde umgehen sollen und lieber verstümmelt in den Himmel marschieren als mit intaktem Körper in der Hölle landen, dann müssen wir aufhorchen. Ja, das ist der auferstandene Christus, den Paulus seinen Freunden in Thessalonich verkündet hat.

Als die Emmaus-Jünger nach der Auferstehung auf ihrem Weg nach Hause von Jesus überrascht werden, hat er eine ähnliche Nachricht für sie wie Paulus für die Thessalonicher:

Ihr Unverständigen und im Herzen zu träge, an alles zu glauben, was die Propheten geredet haben! Musste nicht der Christus dies leiden und in seine Herrlichkeit hineingehen?

Und von Mose und von allen Propheten anfangend, erklärte er ihnen in allen Schriften das, was ihn betraf. (Lk 24,25-27)

Auch für Jesus war es nicht in erster Linie wichtig, was seine Freunde fühlten oder erlebten. Er eröffnete ihnen die Schriften, berief sich auf sie, und malte ihnen das große Bild der Heilsgeschichte vor ihr inneres Auge. Gerade darin lag die Antwort auf ihre Zweifel und Fragen. Gerade daran müssen sich alle Eindrücke, Empfindungen und Gefühle auch in unserem Denken und Handeln messen lassen und sich, wenn nötig, der Wahrheit anpassen. Das Ergebnis bei den Emmaus-Jüngern ist ein Ausbruch von Freude und Erleichterung: *„Brannte nicht unser Herz in uns, wie er auf dem Weg zu uns redete und wie er uns die Schriften öffnete?"* (Lk 4,32).

Am gleichen Tag spricht Jesus in die Runde der versammelten Jünger:

Dies sind meine Worte, die ich zu euch redete, als ich noch bei euch war, dass alles erfüllt werden muss, was über mich geschrieben steht in dem Gesetz Moses und in den Propheten und Psalmen. Dann öffnete er ihnen den Sinn dafür, die Schriften zu verstehen. (Lk 24,44-25)

DIE MODERNE KULTUR DER UNGEWISSHEIT

Wo wir in der Bibel auch hinschauen, finden wir zuversichtliche, eindeutige Worte der Klarheit und der Gewissheit. So zuverlässig wie die Gesetze der Natur, wie das Aufgehen und Untergehen der Sonne, wie die Gesetze der Schwerkraft, wie die Jahreszeiten, die sich seit Anfang der Zeit Jahr für Jahr in einem ewigen Kreislauf abwechseln, wie der Lauf der Planeten um die Sonne – so zuverlässig sind seine geschriebenen Worte. Das, was wir in der Natur um uns herum beobachten, spiegelt sich in seinem Buch wider.

Wie weit sich unsere weichgespülte geistliche Kultur doch inzwischen von dieser Klarheit entfernt hat!

Nicht die Freude an Gewissheit, sondern das Hegen und Pflegen von Ungewissheit ist heute „in". Den eigenen Puls messen, die eigenen Gefühle als Maß aller Dinge feiern, die Engstirnigkeit der geistlichen Väter und die Rückständigkeit der Bibel beklagen – der Apostel Paulus hat es offensichtlich kommen sehen. Wer heutzutage mit einer freudigen Heilsgewissheit auftritt, kann mit abschätzigen Blicken rechnen und die Ausgangstür suchen. So einer gilt als bigott und als Hardliner. Mit seinen Unterredungen *„aus den Schriften"* (Apg 17,2) würde Paulus in der heutigen Gemeinde nicht weit kommen. Mit Aussagen wie „Ich weiß, wem ich geglaubt habe", „Ich schäme mich nicht", „Ich weiß, dass mein Erlöser lebt", „Wahrlich, wahrlich ...", „Wir wissen aber ...", „Es steht geschrieben ...", „Er ist wahrhaftig auferstanden", „Amen, so soll es sein" oder „Christus ist das Ja und das Amen von Gottes Verheißungen!" erntet ein heutiger Christ in manchen Kreisen nur ein mitleidiges Kopfschütteln. Der Feind flüstert nicht nur in die Ohren der heutigen Adams und Evas, er brüllt seine altbekannten Worte *„Hat Gott wirklich gesagt ...?"* inzwischen für jedermann hörbar in das öffentliche Bewusstsein hinein.

Dabei ist es gerade die Sprache der Gewissheit, die Kirchenbänke füllt! Fakten, nicht Gefühle. Gewissheit, nicht Meinungen. Überzeugungen, nicht Erlebnisse. Stattdessen werden jedoch die klaren Richtlinien Gottes der Beliebigkeit preisgegeben, und schon wieder sitzt das subjektive, narzisstische „Ich" an Gottes Stelle auf dem Thron. *„Ihr werdet sein wie Gott."* Ihr bestimmt, was wahr ist oder nicht. Ihr seid das Maß aller Dinge. Es gibt in der Tat nichts Neues unter der Sonne.

Der hochintelligente Doktor Lukas hatte genau dieses Spiel vorausgesehen, als er seinen *„Bericht von den Ereignissen, die sich unter uns zugetragen haben"* mit der Präambel versah:

... wie sie uns die überliefert haben, die von Anfang an Augenzeugen und Diener des Wortes gewesen sind ... damit du die Zuverlässigkeit der Dinge erkennst, in denen du unterrichtet worden bist.

Lukas bezeichnet sich selbst als einen, *„der ich allem von Anfang an genau gefolgt bin"*, und will die Ereignisse *„der Reihe nach ... schreiben"* (Lk 1,1-4). Und moderne Akademiker wagen es tatsächlich, diese zeitlosen Worte als Metapher, als Mythos darzustellen?

Mit einer Auferstehung vom Tod, die nicht wirklich passiert ist, füllen wir keine Kirchenbänke. Mit einer Arche Noah, die nur symbolisch ist, bauen wir keine dynamische Jugendarbeit auf. Mit einem Himmel, der rein metaphorisch zu verstehen ist, gewinnen wir niemanden für Jesus, trösten keinen am Sterbebett, haben den Gestrandeten dieser Welt keine Hoffnung zu bieten. Mit einer Bibel, die nach persönlichem Gutdünken ausgelegt werden kann, gibt es nichts zu „prüfen" und nichts „Gutes", das wir festhalten können oder sollen. Es macht Mut zu beobachten, dass die ersten Jünger mit genau den gleichen Spannungsfeldern, Anfechtungen und Gefahren zu kämpfen hatten wie wir heute. Auch für sie war das Fundament, auf dem alles andere gebaut wurde, die Glaubwürdigkeit der Schriften. Auch ihre größte Gefahr war die schleichende Verlockung, den Glauben ein wenig gelassener zu nehmen und sich den Stress des Widerstands zu sparen – nach dem Motto „Hauptsache, ein ruhiges Leben!"

DIE GEFAHR DER SCHLEICHENDEN MÜDIGKEIT

Ich würde mir nie anmaßen, die Herausforderungen unseres Lebens in einer modernen Gemeindearbeit in Deutschland nur annähernd mit den Strapazen der ersten Christen in Thessalonich zu vergleichen. Aber das Gefühl, müde im Kampf zu sein, kenne ich nur zu gut, wie sicher viele andere, die jahrelang ein Werk oder eine Gemeinschaft aufgebaut haben und bemüht sind, im Einklang mit dem Wort Gottes treu zu dienen. Manchmal kommen die Stimmen aus der eigenen Seele, manchmal auch von anderen Menschen. „Hey, die Leute brauchen Ermutigung. Sie haben sich immerhin extra Zeit genommen, um hier zu sein – baue sie auf, lass die schärferen Verse über Hölle und Gericht weg, zeig ihnen, dass Gott sie mag."

Das Wort „Sünde" in den Mund zu nehmen, ist in manchen gemeindlichen Kreisen inzwischen ein Skandal. Wie leicht wäre es doch, es einfach wegzulassen! Oder es nett zu umschreiben. „Du manipulierst, du schürst nur Ängste, wenn du über Sünde redest", klagte eine junge Frau einmal nach meinem Vortrag. Ich fragte sie, was sie damit meinen würde. Ihre Erklärungen waren für mich nichts Neues – ja, fast schon Routine. Der Gott des Alten Testamentes sei zwar zornig und wüst gewesen, aber er habe sich eines Besseren besonnen und sei inzwischen nett und liebevoll. Durch Angstmacherei erreiche man nichts; das habe auch Gott inzwischen erkannt. Ich sei rückständig in meiner Theologie, ich hätte Gott völlig falsch verstanden.

Die Worte und Argumente der jungen Frau waren flüssig sowie rhetorisch und intellektuell auf hohem Niveau. Sie war sich ihrer Sache völlig sicher und konnte ihre Argumente besser präsentieren als ich meine. Genau das ist die Kraft der Verführung, mit der auch die ersten Christen es zu tun hatten. Der Teufel kommt eben nicht mit Hörnern und feuerspuckend mit dem Dreizack in der Hand daher, sondern nett, verführerisch, überzeugend, herablassend – mit einer Bibel in der einen und einem Abendmahlkelch in der anderen Hand. Als Engel des Lichts eben.

Gerade deshalb müssen wir wachsam sein.

PRÜFEN IM LICHT DER EWIGKEIT

3

EINE SPRACHE, DIE DEN LESER ERBAUT

Paulus schreibt an die Christen in Thessalonich mit der Ernsthaftigkeit eines Mannes, der keine Zeit zu verlieren hat und bemüht ist, die Menschen, für die er verantwortlich ist, von allen Ablenkungen und Nebenschauplätzen wegzuzerren und in dem Fundament der Schriften solide zu verankern. Wenn er sie u. a. ermahnt *„Prüft alles und behaltet das Gute"*, ist diese Aufforderung, wie auch alle anderen Aufforderungen in der Liste, in ein größeres Bild eingebettet.

Paulus' Briefe sind keine spontanen Ergüsse von Emotionen und theologischen Impulsen, sondern gründlich durchdacht und sorgfältig aufgebaut. Jeder Brief ist ein Unikat, das auf die Situation der Leser abgestimmt ist. Seinen Brief an die Gemeinde in Thessalonich beginnt er, wie andere Briefe auch, mit gefühlsgeladenen Worten der Ermutigung. Er drückt seine Dankbarkeit aus, vermittelt seinen Lesern, wie wichtig sie ihm sind, erinnert sie an ihre gemeinsame Zeit, an die abenteuerlichen Anfänge ihres Glaubensweges:

Wir danken Gott allezeit für euch alle, indem wir euch erwähnen in unseren Gebeten und unablässig vor unserem Gott und Vater an euer Werk des Glaubens gedenken und die Bemühung

der Liebe und das Ausharren in der Hoffnung
auf unsern Herrn Jesus Christus. (1 Thes 1,2-3)

Am Anfang von jedem seiner Briefe, nicht nur in dem an die Christen in Thessalonich, geht Paulus zunächst persönlich an die Sache heran.

„Denn mich verlangt sehr, euch zu sehen", schreibt er am Anfang des theologisch sehr konzentrierten Römerbriefs, *„damit ich euch etwas geistliche Gnadengabe abgebe, um euch zu stärken"* (Röm 1,11).

An die Korinther schreibt er: *„Ich danke meinem Gott ... für die Gnade Gottes, die euch gegeben ist in Christus Jesus"* (1 Kor 1,4).

Erst danach folgen Anweisungen, Lehrsätze, manchmal heftige Ermahnungen. Selbst den Galatern, mit denen er wirklich ein Hühnchen zu rupfen hat, wünscht er *„Gnade ... und Friede von Gott"* (Gal 1,3), bevor er sich in seine legendären Ausführungen zum Thema Gnade und Gesetz stürzt. Seine Freunde in Ephesus erfahren, dass er nicht aufhört, für sie zu danken und zu beten (1,16), die Philipper, dass er für sie alle mit Freuden betet *„wegen eurer Teilnahme am Evangelium vom ersten Tag an bis jetzt"* (Phil 1,5). Die Kolosser lobt er wegen ihres Glaubens an Jesus Christus und der Liebe, die sie zu allen Heiligen haben (Kol 1,4).

Was können wir an dieser Stelle von Paulus lernen? Das, was eigentlich jede Mutter, jeder Vater, jeder Pädagoge und Erzieher schon weiß: Wer unterrichten, beeinflussen, erziehen und ermahnen will, dessen Mund muss mit Lob und Ermutigung überfließen! Bei uns im Schwabenland gibt es einen Spruch, mit dem ich persönlich wenig anfangen kann: „Nix g'sagt isch g'nug g'lobt!" Meist kann ich über dieses Sprichwort lachen. Aber nicht immer. Murren, klagen, andere kritisieren und fertig machen – das kommt von ganz allein, dafür müssen wir uns nicht anstrengen. Andere ermutigen, aufbauen, loben – das können wir vom Apostel Paulus lernen. Damit verdienen wir auch unser Recht, „Influencer" im Leben anderer zu sein, ihnen ein Leben nach den Maßstäben Gottes vorzuleben und sie einzuladen, diesen Weg mit uns zu gehen. Paulus' Brief an seinen Freund Philemon ist ein Klassiker. Er wendet sich mit einem ernsten Anliegen an Philemon. Er will das Herz dieses Unternehmers dafür öffnen, dem abtrünnigen Sklaven Onesimus die Chance auf einen Neuanfang zu geben. Der kurze Brief ist ein Meisterstück ausgezeichneter Lebensbegleitung, mit einem Grundton von tiefer Wertschätzung für den Empfänger des Briefes. Auch hier beginnt Paulus jedoch nicht mit seiner bewegten Bitte, den jungen Mann wieder aufzunehmen. Wer lernen will, Menschen auf gute Weise zu prägen und zu begleiten, wie Paulus es mit seinen Freunden in Thessalonich macht, tut gut daran, den Philemonbrief zu studieren.

EINE SPRACHE, DIE DIE LESER AN IHRE IDENTITÄT IN CHRISTUS ERINNERT

Auf die herzlichen anfänglichen Worte im Brief an die Christen in Thessalonich folgt eine Erinnerung an ihre Identität als von Gott Auserwählte, ihre Verbundenheit miteinander im Herrn, ihr Zeugnis und ihre Vorbildfunktion als überzeugte Jesusnachfolger in der ganzen Gegend:

Und wir kennen, von Gott geliebte Brüder, eure Auserwählung; denn unser Evangelium erging an euch nicht im Wort allein, sondern auch in Kraft und im Heiligen Geist und in großer Gewissheit; ihr wisst ja, als was für Leute wir um euretwillen unter euch auftraten. Und ihr seid unsere Nachahmer geworden und die des Herrn, indem ihr das Wort in viel Bedrängnis mit Freude des Heiligen Geistes aufgenommen habt, sodass ihr allen Gläubigen in Mazedonien und in Achaja zu Vorbildern geworden seid. (1 Thes 1,4-7)

Später, gegen Ende seines zweiten Briefes, wiederholt Paulus den entscheidenden Hinweis auf die Erwählung und Berufung seiner Freunde:

> *Wir aber müssen Gott allezeit für euch danken, vom Herrn geliebte Brüder, dass Gott euch von Anfang an erwählt hat zur Rettung in Heiligung des Geistes und im Glauben an die Wahrheit, wozu er euch auch berufen hat durch unser Evangelium, zur Erlangung der Herrlichkeit unseres Herrn Jesus Christus. (2Thes 2,13-14)*

Damit wird gleich festgelegt: Gottes Hingabe an *uns*, nicht unsere Hingabe an *ihn*, ist die Kraft, die unserem Glauben Festigkeit gibt und für unser Leben Weichen legt, unser Herz trainiert, damit es zwischen richtig und falsch unterscheiden kann.

EINE SPRACHE DER GEMEINSCHAFT

Früher habe ich mir den Apostel Paulus als strengen Lehrer mit erhobenem Zeigefinger vorgestellt, bei dem alle plötzlich verstummen, sobald er den Raum betritt. Bis ich mich ausschließlich mit den Stellen in seinen Briefen beschäftigt habe, in denen wir einen Einblick in die Beziehungen bekommen, die er zu den Empfängern seiner Briefe pflegte.

Einige davon haben wir schon angesehen. In diesem Brief redet Paulus seine Freunde als *„von Gott geliebte Brüder"* an (1 Thes 1,4) und erinnert sie daran, wie sehr er an ihnen hängt: *„zart … wie eine stillende Mutter ihre Kinder pflegt"* (1 Thes 2,7). Die Trennung von ihnen schmerzt ihn zutiefst:

Wir aber, Brüder, da wir für kurze Zeit von euch verwaist waren, dem Angesicht, nicht dem Herzen nach, haben uns umso mehr mit großem Verlangen bemüht, euer Angesicht zu sehen. Deshalb wollten wir zu euch kommen – ich, Paulus –, nicht nur einmal, sondern zweimal, und der Satan hat uns gehindert. (1 Thes 2,17-19)

Die tiefe Sehnsucht nach der Gemeinschaft mit seinen Geschwistern im Glauben kommt in diesem Brief immer wieder zum Ausdruck (3,1; 3,5; 3,10). Die Christen in Thessalonich sind nicht Paulus' besondere Lieblinge. Offenbar hat er all die ihm Anvertrauten eng an seinem Herzen gehalten. Sie alle sind seine Lieblinge.

„Es entstand aber ein lautes Weinen bei allen", lesen wir in Apostelgeschichte 20,37, als von Paulus' Abschied von der Gemeinde in Ephesus die Rede ist. Das laute Weinen, um das es sich hier handelt, findet in einem Zusammenhang statt, in

dem man es am wenigsten erwarten würde: in einer Sitzung der Gemeindeleitung, wie wir es in unserem heutigen Sprachgebrauch nennen würden. Da habe ich persönlich ganz andere Bilder im Kopf: Graue Eminenzen, versammelt um einen großen Tisch, lange Arbeitssitzungen, hitzige Diskussionen über das Budget für die Erweiterung des Gemeindehauses, über die nächste Diakonenwahl oder darüber, ob die Kollekte für die Mission in China oder für die Erdbebenopfer in Italien bestimmt sein soll.

Aber bei Paulus ... ein lautes Weinen? Im nächsten Satz heißt es: *„Sie fielen Paulus um den Hals und küssten ihn, am meisten betrübt über das Wort, das er gesagt hatte, sie würden sein Angesicht nicht mehr sehen" (Apg 20,37-38).* Und das von denselben gestandenen geistlichen Gremienmitgliedern!

Ein Gemeindeverantwortlicher, bei dem erwachsene Männer in Tränen ausbrechen, wenn sie sich von ihm verabschieden? Hier haben wir es ganz gewiss nicht mit einem Lehrer mit erhobenem Zeigefinger zu tun, sondern mit einem Vater, der leidenschaftlich darauf bedacht ist, seine Kinder zu erziehen, zu begleiten, sie mündig und lebensfähig zu machen und vor Schaden zu bewahren. Es führt kein Weg daran vorbei: Christen sind definitionsgemäß Beziehungsmenschen.

Das bleibt durch die Briefe hindurch der Modus Operandi von Paulus. Wir haben es hier nicht mit einem Theologen zu tun, der seine Schäfchen zuallererst mit der rechten Lehre auf Linie bringen will oder um ihre finanzielle Unterstützung und Solidarität für diverse Projekte wirbt. Ihm geht es um sie selbst. Um ihr Wohlsein, ihre Glaubensgewissheit, ihre Ausdauer. Kein Wunder, dass seine Freunde an seinen Worten hängen, sich riesig auf seine Besuche freuen und heulen, wenn er wieder abreist. Kein Wunder, dass auch ich diesem Mann so viel von dem verdanke, was mein Leben als Christin ausmacht.

Paulus, wie auch sein großes Vorbild Jesus, war in der Tradition der jüdischen Rabbiner erzogen worden. Die Weitergabe der Lehre bestand weniger in der Vermittlung von akademischen Informationen oder theologischen Inhalten als vielmehr im Teilen des eigenen Lebens. Die Predigt des geistlichen Leiters war dessen Lebensstil. Die ersten Jünger wollten zu Beginn ihrer Reise mit Jesus nicht wissen, was er lehrte, welche Theologie er vertrat, was für Möglichkeiten er zu bieten hatte und welche geistliche Perspektive, welche Aufstiegschancen oder welche Gehälter er versprach. Sie wollten nur eines wissen: *„Lehrer, wo hältst du dich auf?"* (Joh 1,38). Sie wollten bei ihm sein.

Effektive Informationsvermittlung geschieht durch Beziehungen, nicht durch frontale Lehre. Ich mache gern Musik, weil ich als Kind eine Musiklehrerin hatte, deren Lebensstil und Umgang mit Menschen auf mich einen bleibenden Eindruck gemacht hat. Ihr Wissen und Können waren ansteckend, weil sie so viel Liebe und persönliches Interesse ausstrahlte. Niemand war unter ihrer Würde. Die Schulfächer, in denen ich gut war, waren die, bei denen ich von dem Wesen des Lehrers überzeugt war.

Das Gleiche gilt für die geistliche Lehre. Vorbilder prägen stärker als Buchstaben auf Papier oder auf einem Bildschirm. Wir, die wir im Reich Gottes aktiv sind, verdanken vermutlich alles, was unseren Glauben positiv geprägt hat, guten Vorbildern, die uns beeinflusst, geführt und auf unserem Weg begleitet haben.

Es besteht außerdem ein tiefes Vertrauen zwischen dem Apostel und den Gläubigen, deren Wohlergehen ihn so viel Liebesmühe gekostet hat. Es ist ihm ein Anliegen, dieses Vertrauen am Anfang seines Briefes zu bekräftigen und sicherzustellen, dass die Versuche seiner Gegner, Rufmord gegen ihn zu verüben, bei den Menschen, die ihm wichtig sind, nicht auf offene Ohren stoßen.

So, in Liebe zu euch hingezogen, waren wir willig, euch nicht allein am Evangelium Gottes, sondern auch an unserem eigenen Leben Anteil zu geben, weil ihr uns lieb geworden wart. Denn ihr erinnert euch, Brüder, an unsere Mühe und Beschwerde: Nacht und Tag arbeitend, um niemand von euch beschwerlich zu fallen, haben wir euch das Evangelium Gottes gepredigt. Ihr seid Zeugen und Gott, wie heilig und gerecht und untadelig wir gegen euch, die Glaubenden, waren. (1 Thes 2,8-10)

Wir erfahren von Paulus wenig darüber, wie die Struktur einer neutestamentlichen Gemeinde genau aussah. Wir wissen auch nicht, wie ein typischer Gottesdienst verlief. Gab es Kinderarbeit? Welche Musik wurde gespielt? Hat jemand die Zusammenkünfte moderiert? Gab es einen Ablauf? Kaffee, Tee und Snacks im Anschluss? Welche Aktionen wurden in der Gemeinde angeboten? Für die Kinder, für die Jugend? Gab es einen Seniorenkreis? Geschulte Seelsorger? Eine gute Musikanlage? Es soll uns nachdenklich stimmen, wie wenig das Neue Testament zu solchen Themen zu sagen hat. Dafür sagt es eine Menge über Beziehungen. Die geistliche Hygiene des Miteinanders – nicht Programme, Strukturen und Formalitäten – steht im Mittelpunkt aller neutestamentlichen Lehren über die Gemeinde. Die Qualität der zwischenmenschlichen Beziehungen – nicht die von Rhetorik und Bühnenauftritten – bestimmt den Erfolg einer Gemeinde. Biblisch zu lehren, zu leben und zu handeln, bedeutet auch, die Schwerpunkte zu beachten, die die Bibel legt. Welche Prioritäten hatten Jesus und seine engsten Nachfolger? Welche Themen beschäftigten sie am meisten?

Wer in seinen Beziehungen eine derartige Grundlage an hingegebener, väterlicher Liebe gelegt hat wie der Apostel Paulus, kann es sich leisten, auch Klartext zu reden. Seine Briefe an die Gemeinden, die er begleitet, sind keine Seelenmassage. Er ruft auf ganzer Linie zu einem Leben der kompromisslosen Nachfolge Jesu auf. Manchmal muss man beim Lesen ganz schön den Atem anhalten. Paulus legt die Latte hoch – auch in seinem Brief an seine Geschwister in Thessalonich. Alle wichtigen Merkmale eines konsequenten Christenlebens sind in der Liste der Anweisungen im fünften Kapitel gebündelt: gegenseitige Liebe, ein Leben in versöhnten Beziehungen, Dankbarkeit und Freude, Respekt vor Autorität, ein Lebensstil des Gebets und der Wachsamkeit gegenüber den Schlichen des Feindes (1 Thes 5,13-22):

Haltet Frieden untereinander! …
Weist die Unordentlichen zurecht, tröstet die
Kleinmütigen, nehmt euch der Schwachen an,
seid langmütig gegen alle!
Seht zu, dass niemand einem anderen Böses mit
Bösem vergilt, sondern strebt allezeit dem Guten
nach gegeneinander und gegen alle!
Freut euch allezeit!
Betet unablässig!
Sagt in allem Dank! Denn dies ist der Wille
Gottes in Christus Jesus für euch.
Den Geist löscht nicht aus!
Weissagungen verachtet nicht,
prüft aber alles, das Gute haltet fest!
Von aller Art des Bösen haltet euch fern!

DIE SPRACHE DER HEILIGUNG

Wer nicht zu dieser Welt gehört, steht auch nicht
mehr unter dem Zwang, sich dieser Welt anzupassen. Als Bürger einer anderen, nämlich der himm-
lischen Welt haben wir den Vorteil, einen Maßstab
in der Hand zu halten, der von Gottes Denken
gesteuert ist, nicht von den Meinungsmachern,
kulturellen Gralshütern und Trendsettern dieser Welt. Wir dürfen die Moden und Trends dieser Welt ansehen und voller Überzeugung sagen:

„Nein danke, ich sehe es anders." Wir sind in der Welt, aber nicht von der Welt (Joh 15,19). So etwas Ähnliches meint Paulus, wenn er im vierten Kapitel des Briefes an die Thessalonicher schreibt:

Übrigens nun, Brüder, bitten und ermahnen wir euch in dem Herrn Jesus, da ihr ja von uns Weisung empfangen habt, wie ihr wandeln und Gott gefallen sollt – wie ihr auch wandelt –, dass ihr darin noch reichlicher zunehmt. Denn ihr wisst, welche Weisungen wir euch gegeben haben durch den Herrn Jesus. Denn dies ist Gottes Wille: eure Heiligung, dass ihr euch von der Unzucht fernhaltet. (1 Thes 4,1-3)

Hier wird die Aufforderung *„Prüft alles"*, die im nächsten Kapitel folgt, schon einmal alltagstauglich und praktisch beschrieben. Interessant ist auch, dass als erstes ein eindeutiger Wink an alle Verfechter sexueller Beliebigkeit gerichtet wird. Die Sexualethik ist bekanntlich die erste moralische Festung, die fällt, wenn eine Gesellschaft oder eine Gemeinde sich über das Wort Gottes erhebt und anfängt, Gott auf den Prüfstand zu setzen, anstatt sich selbst von Gott prüfen zu lassen. Heiligung fängt laut Paulus damit an, *„dass ihr euch von der Unzucht fernhaltet"* (4,3).

Wir können es drehen und wenden, wie wir wollen. Unzucht bedeutet biblisch gesehen jede Art von Geschlechtsverkehr außerhalb einer lebenslangen Ehe zwischen einem Mann und einer Frau. Hiermit liefert uns Paulus gleich ein aktuelles Fallbeispiel dessen, was es bedeutet, alles zu prüfen und das Gute zu behalten.

Wie oft höre ich Argumente aus Welt und Gemeinde, die das klassische christliche Ehemodell als „eng", unzumutbar, altmodisch und unrealistisch abtun. Christliche Frauen sollen sich von ihren prüden Zwängen befreien und doch bitte sexuelle Erfahrungen sammeln, bevor sie sich binden, hieß es immer wieder in „christlichen" Austauschrunden, bei denen ich dabei war – und die bezeichnenderweise hauptsächlich aus Männern bestanden.

Immer wieder habe ich diese „neue" sexuelle Beliebigkeit im Leib Christi geprüft und nichts Gutes darin entdeckt. Schon als junge Frau erfüllte mich allein der Gedanke an sexuelle Entdeckungsreisen mit verschiedenen Partnern mit Ekel. Und ich glaube, es wäre nicht anders gewesen, wäre ich keine Christin gewesen. So intim, kostbar und zusammenschweißend, wie eine sexuelle Begegnung ist, sollte kein Mensch, vor allem keine Frau, sich billig hergeben. Schamgefühle sind keine Zwänge, sondern ein natürlicher, von Gott gegebener Schutz vor den emotionalen Bruchlandungen, die sexuelle Experimente meist mit sich bringen. Deshalb ermahnt Paulus auch,

> *dass jeder von euch sich sein eigenes Gefäß in Heiligung und Ehrbarkeit zu gewinnen weiß, nicht in Leidenschaft der Begierde wie die Nationen, die Gott nicht kennen … Denn Gott hat uns nicht zur Unreinheit berufen, sondern in Heiligung. Deshalb nun, wer dies verwirft, verwirft nicht einen Menschen, sondern Gott, der auch seinen Heiligen Geist in euch gibt. (V. 5-8)*

Eine Gemeinde wird massiv von der Sexualethik geprägt, die sie vertritt. Ist die Tür für Ehe ohne Trauschein, gleichgeschlechtliche Ehe und leichtfertige Ehescheidungen einmal geöffnet, dann ist das eine Schleuse, die schwer wieder zu schließen ist. Wenn wir die sexuelle Freizügigkeit dieser Welt „prüfen" und ihr nachgeben, weil wir Angst haben, für engstirnig gehalten zu werden, dann haben wir das Schlechte behalten, nicht das Gute.

„BEHALTET DAS GUTE" – KEIN FREIBRIEF FÜR FALSCHE TOLERANZ

4

DAS GUTE BEHALTEN

Paulus' Ermahnung, dass die Thessalonicher sich *„von der Unzucht fernhalten"* sollen, hat mein Verständnis von seiner späteren Aufforderung *„Prüft alles und behaltet das Gute"* komplett umgekrempelt.

Früher fand ich es gemein, irgendetwas – eine Lehrrichtung, eine Gemeinschaft, den Schwerpunkt von einer geistlichen Bewegung – flächendeckend abzulehnen oder zu verurteilen. Die Leute werden schon ihre Gründe haben, so zu denken, wie sie denken. Viele haben schlechte Erfahrungen mit Christen gemacht und eine Theologie um ihre Verletzungen herum aufgebaut. Wer kann es ihnen verdenken? Dieser Spruch von Paulus gefiel mir, sparte er mir doch die Mühe, mich durch eine klare Stellungnahme unbeliebt zu machen. Im Kontext betrachtet bedeutet dieser Vers etwas ganz anderes. *„Behaltet das Gute"* ist kein grünes Licht für ein offenes Ergebnis. Oder dafür, großzügig über alles hinwegzusehen, was nicht in Ordnung oder in Überstimmung mit dem Wort Gottes ist. Das, was aus Gottes Sicht nicht „gut" ist, hat in meinem Denken nichts zu suchen. In diesem Beispiel: Unzucht. „Das Gute behalten" heißt, Gottes Plan für unsere Sexualität zu beherzigen und ernst zu nehmen, bei seinen Richtlinien zu bleiben und alles andere sein zu lassen. Andersdenkende zu verurteilen, ist nicht unser Mandat. Aber Lehren, Richtungen, Moden, Trends anhand der Bibel zu beurteilen, das gehört zu den wichtigsten Aufgaben eines geistlichen Leiters. Bei seinem Abschied von den Ältesten in Ephesus mahnt Paulus:

Habt acht auf euch selbst und auf die ganze Herde, in welcher der Heilige Geist euch als Aufseher eingesetzt hat, die Gemeinde Gottes zu hüten, die er sich erworben hat durch das Blut seines eigenen Sohnes. Ich weiß, dass nach meinem Abschied grausame Wölfe zu euch hereinkommen werden, die die Herde nicht verschonen. Und aus eurer eigenen Mitte werden Männer aufstehen, die verkehrte Dinge reden, um die Jünger abzuziehen hinter sich her. Darum wacht und denkt daran, dass ich drei Jahre lang Nacht und Tag nicht aufgehört habe, einen jeden unter Tränen zu ermahnen! Und nun befehle ich euch Gott und dem Wort seiner Gnade, das die Kraft hat, aufzuerbauen und ein Erbe unter allen Geheiligten zu geben. (Apg 20,28-32)

Wiederum ist interessant, was Paulus' Schwerpunkt in dieser entscheidenden Abschiedsrede ist. Kein Wort über viele Themen, die wir in heutigen christlichen Broschüren für Konferenzen oder als Buchtitel in der Vorschau der Verlage finden. „Finde deine Berufung", „Effektiv beten lernen", „Gottes Potential in dir entfachen", „Strategische Leiterschaft" „Wirksame Mission". Manche dieser Dinge haben auch ihr Gutes. Aber biblisch zu leben und zu handeln, bedeutet auch, die Schwerpunkte unserer biblischen Vorbilder zu unseren Schwerpunkten zu machen. Paulus sieht die Hauptgefahr für seine Freunde in Ephesus nicht in mangelnder Strategie, fehlerhaften Strukturen, rückständiger Ausstattung der Gemeinderäume oder in Gemeindemitgliedern, die ihre Berufung noch nicht entdeckt haben, sondern in der Gefahr der schleichenden Abkehr von der apostolischen Lehre. Die Führungskompetenz, die diese Ältesten am meisten brauchen, ist Wachsamkeit. Die größte Gefahr sind nicht Angriffe von außen, sondern Fäulnis von innen. Heute ist es nicht anders.

WIMMELBILDHELD WALTER ALS PRÜFSTEIN

Als meine Kinder klein waren, haben wir gern Wimmelbilder angesehen. Unsere Lieblingsbücher waren die von *„Wo ist Walter?"*. Diese beliebte Serie ist die Erfindung des Briten Martin Handford. Die Bücher enthalten eine Reihe großformatiger, detailreicher Bilder. Auf jedem ist irgendwo die Figur des

Weltenbummlers Walter versteckt. Ihn zu finden, ist gar nicht so einfach, denn die Buchseiten sind voll mit Menschen, und viele von ihnen sehen so ähnlich aus wie Walter. Es sind Stadtszenen, Jahrmärkte, Zirkusse oder überfüllte Strände. Wer jedoch ganz genau weiß, wie Walter aussieht, dem gelingt es, ihn unter den vielen Fake-Walters zu finden. Der echte Walter ist immer mit einer Brille, einem rot-weiß gestreiften Pullover und einer Pudelmütze bekleidet. Meine Kinder habe ich immer wieder an das Geheimnis erinnert, wie sie Walter am schnellsten finden können: Den echten Walter, der am Anfang von jedem Buch groß abgebildet ist, muss man einige Minuten lang ansehen und sich jedes Detail an ihm merken. Wie seine Mütze genau aussieht, wie breit die Streifen auf seinem Pullover sind, wie seine Brille aussieht. Man muss sich Zeit dafür nehmen. Wer sich genau gemerkt hat, wie der echte Walter aussieht, durchschaut auf Anhieb die Fake-Walters. Er hat ein objektives Bild im Kopf, eine Vorlage, an der er alles andere prüfen kann.

So ist es auch mit dem Wort Gottes: Je mehr wir uns mit den unverfälschten Worten Gottes auskennen, sie auswendig lernen und uns mit ihnen beschäftigen, desto schneller sind wir in der Lage, die „Fakes" zu enttarnen. Unser Bauchgefühl für Wahrheit und Lüge wird geschult.

„Viele werden unter meinem Namen kommen und sagen: Ich bin der Christus! Und sie werden viele verführen", warnt Jesus (Mt 24,5).

Die ersten Jünger haben diese Warnung ernst genommen. Ihre gebündelten Kräfte setzten sie dafür ein, die Glaubwürdigkeit ihrer Berichte für alle Zeiten zu bekräftigen und unter Beweis zu stellen, und zwar mit einem klaren, gut vorbereiteten Blick auf die unvermeidbaren Anfechtungen, die kommen würden. Wie können wir sicher sein, dass die Messlatte des Wortes Gottes, an der wir alles andere prüfen sollen, wirklich zuverlässig ist? Die ersten Jünger haben geradezu Überstunden geleistet, um auch für uns ein Fundament zu legen.

DIE AUGENZEUGEN SCHREIBEN IHRE PROTOKOLLE

Das Bedürfnis der Freunde Jesu, ihre Erfahrungen nach Jesu Himmelfahrt schriftlich festzuhalten, war dringlich und stark. Den Anfang des Lukasevangeliums und das Anliegen des Doktors Lukas, *„die Zuverlässigkeit der Dinge"* (Lk 1,1) zu unterstreichen, von denen er erzählt, haben wir schon betrachtet. Besonders aktiv waren Petrus und Johannes, also die zwei, die am intensivsten mit Jesus zusammen waren und zu seinem innersten Kreis gehörten. Beide ahnten, dass Mächte aufstehen würden, die alles daransetzen, die Worte und Taten Jesu in Zweifel zu ziehen. Das hatte ja gleich nach dem Verschwinden des Leichnams Jesu angefangen: Erste Gerüchte kursierten, dass alles nur inszeniert gewesen wäre, und überhaupt keine Auferstehung stattgefunden hätte. Die Freunde Jesu wurden nicht müde, die Glaubwürdigkeit ihrer Augenzeugenberichte zu betonen. So schrieb zum Beispiel der Evangelist Johannes:

Diese aber sind geschrieben, damit ihr glaubt, dass Jesus der Christus ist, der Sohn Gottes, und damit ihr durch den Glauben Leben habt in seinem Namen. (Joh 20,31)

Das ist der Jünger, der von diesen Dingen zeugt und der dies geschrieben hat; und wir wissen, dass sein Zeugnis wahr ist. (Joh 21,24)

Die unbestrittene Qualifikation, die als Bestätigung für die Glaubwürdigkeit von Petrus dient, besteht darin, dass er selbst in der ersten Reihe saß und die Herrlichkeit Gottes „live" erlebt hat. Hierin liegt die Autorität, die allem anderen, was er sagt, Gewicht verleiht. Ohne zu zögern, reiht er sich in die Linie der Männer Gottes ein, die die Schriften verfasst haben:

Denn wir haben euch die Macht und Ankunft unseres Herrn Jesus Christus kundgetan, nicht indem wir ausgeklügelten Fabeln folgten, sondern weil wir Augenzeugen seiner herrlichen Größe gewesen sind. Denn er empfing von Gott, dem Vater, Ehre und Herrlichkeit, als von der erhabenen Herrlichkeit eine solche Stimme an ihn erging: „Dies ist mein geliebter Sohn, an dem ich Wohlgefallen gefunden habe." Und diese Stimme hörten wir vom Himmel her ergehen, als wir mit ihm auf dem heiligen Berg waren. Und so besitzen wir das prophetische Wort umso fester, und ihr tut gut, darauf zu achten als auf eine Lampe, die an einem dunklen Ort leuchtet, bis der Tag anbricht und der Morgenstern in euren Herzen aufgeht, indem ihr dies zuerst wisst, dass keine Weissagung der Schrift aus eigener Deutung geschieht. Denn niemals wurde eine Weissagung durch den Willen eines Menschen hervorgebracht, sondern von Gott her redeten Menschen, getrieben von Heiligem Geist. (2Petr 1,16-21)

Paulus warnt nicht nur die Thessalonicher, sondern auch seinen jungen Freund Timotheus, dass der Glaube der Christen mit ihrer Liebe für das Wort Gottes steht und fällt:

Alle Schrift ist von Gott eingegeben und nützlich zur Lehre, zur Überführung, zur Zurechtweisung, zur Unterweisung in der Gerechtigkeit, damit der Mensch Gottes richtig ist, für jedes gute Werk ausgerüstet. (2Tim 3,16-17)

Kann es sein, dass er an uns dachte, als er im gleichen Brief Folgendes schrieb?

*Dies aber wisse, dass in den letzten Tagen schwere Zeiten eintreten werden; denn die Menschen werden selbstsüchtig sein, geldliebend, prahlerisch, hochmütig, Lästerer, den Eltern ungehorsam, undankbar, unheilig, lieblos, unversöhnlich, Verleumder, unenthaltsam, grausam, das Gute nicht liebend, Verräter, unbesonnen, aufgeblasen, mehr das Vergnügen liebend als Gott, die eine Form der Gottesfurcht haben, deren Kraft aber verleugnen. **Und von diesen wende dich weg!** (2Tim 3,1-5; Hervorhebung durch die Autorin)*

Dem Beispiel von Petrus folgend macht Paulus klar: Die Bibel ist kein Bastelbuch mit Seiten, die nach Belieben ausgerissen werden können! Das ganze Neue Testament ist eine einzige, dringliche, fortlaufende Warnung, genau das *nicht* zu tun, was in vielen Gemeinden inzwischen gang und gäbe ist: die Wahrheit des biblischen Vermächtnisses umzudeuten und dem Zeitgeist anzupassen. Darüber, dass die Ironie dieser Tatsachen vielen dieser hochintelligenten Akademiker nicht auffällt, könnte man herzhaft lachen, wäre dieser Trend nicht so verheerend für den Leib Christi. Petrus betont, dass die Schriften zeitübergreifend für uns geschrieben sind:

Es waren aber auch falsche Propheten unter dem Volk, wie auch unter euch falsche Lehrer sein werden, die Verderben bringende Parteiungen heimlich einführen werden. (2Petr 2,1)

Und aus Habsucht werden sie euch mit betrügerischen Worten kaufen. (2Petr 2,3)

... lästern über das, was sie nicht kennen. (2Petr 2,12)

... indem sie ungefestigte Seelen anlocken; sie haben ein in der Habsucht geübtes Herz ... sie sind abgeirrt, da sie den geraden Weg verlassen haben. (2Petr 2,14-15)

Denn sie führen geschwollene, nichtige Reden und locken mit fleischlichen Begierden ... sie

versprechen ihnen Freiheit, während sie selbst
Sklaven des Verderbens sind. (2Petr 2,18-19)

Sind all diese Dinge nicht eine haargenaue Be-
schreibung der Abwendung vom Wort Gottes, die
so viele Christen und Gemeinden in unserer Zeit
in die Knie zwingt? Gemeinden, die früher fröhlich
mit der Bibel unterwegs waren? *„Verderben brin-*
gende Parteiungen" sind überall zu finden, ebenso
die Verführung *„unbefestigter Seelen"* durch *„betrü-*
gerische Worte" sowie *„geschwollene, nichtige Reden"*
und Hirten, die mehr um ihre eigene Macht besorgt sind als um das Wohlergehen ihrer Schafe.
Petrus' Warnung ist eindeutig:

Da ihr, Geliebte, es nun vorher wisst, so hütet
euch, dass ihr nicht durch den Irrtum der
Ruchlosen mit fortgerissen werdet und aus eurer
eigenen Festigkeit fallt! (2Petr 3,17)

Ihnen [den Propheten] wurde es offenbart, dass sie
nicht sich selbst, sondern euch dienten im Blick
auf das, was euch jetzt verkündet worden ist.
(1Petr 1,12)

„Ja, natürlich glaube ich, dass die Bibel inspiriert ist", behauptete einmal ein Bekannter. „Ein

wichtiges Buch, es enthält viele interessante Gedanken." Er verstand „inspiriert" im gleichen Sinn wie die Inspiration von Shakespeares Werken oder den Gedichten von Heine oder Schiller. Nicht bindend für das eigene Leben. Strandlektüre, Unterhaltung.

Reinhold Niebuhr, amerikanischer Theologe und Philosoph des vergangenen Jahrhunderts, beschrieb diese Sichtweise wie folgt: „Ein Gott ohne Zorn brachte einer Menschheit ohne Sünde durch einen Christus ohne Kreuz eine Erlösung ohne Gericht!" Diese Beobachtung untermalte er mit folgenden Worten:

Im anthropozentrischen Klima in den westlichen Kirchen und Freikirchen muss im wesentlichen alles „Geistliche" positiv sein. Da ist kein Platz für den Zorn Gottes, obwohl davon in der Bibel viel öfter die Rede ist als von seiner Liebe und Freundlichkeit, und natürlich auch nicht dafür, von der Hölle zu reden. Unglücklicherweise hat Jesus relativ häufig von Hölle und Gericht geredet. Zu den für jeden säkularen Gemeindewachstum-Fan verstörenden Aussagen Jesu gehören auch unter anderem die Aussagen Jesu über Jüngerschaft, den breiten und den schmalen Weg (letzteren finden laut Jesus nur wenige), dass Reiche ziemliche

Probleme haben, in Gottes Reich zu kommen usw. In der Tat, vieles muss man sich in unserem Land in Predigten nicht mehr anhören. Dieses Problem hatte schon Paulus im 2. Timotheusbrief (4,3) treffend thematisiert: „Verkündige das Wort Gottes! Tritt dafür ein, ob es den Leuten passt oder nicht. Rede ihnen ins Gewissen, warne und ermahne sie! Verliere dabei aber nicht die Geduld und unterweise sie gründlich! Denn es wird eine Zeit kommen, da werden sie die gesunde Lehre unerträglich finden und sich Lehrer nach ihrem Geschmack aussuchen, die ihnen nur das sagen, was sie gern hören wollen. Vor der Wahrheit werden sie dann ihre Ohren verschließen und sich stattdessen mit Legenden und Spekulationen abgeben. Doch du musst in jeder Hinsicht nüchtern bleiben! Sei bereit, Druck zu ertragen, und erfülle deinen Auftrag als Verkündiger des Evangeliums. Tu alles, was zu deinem Dienst gehört!"[1]

WER ENTSCHEIDET, WAS GUT UND WAS BÖSE IST?

Der britische Schriftsteller und Philosoph C. S. Lewis (1898–1963) verfolgte die gesellschaftlichen Strömungen der europäischen Nachkriegszeit mit Sorge und schrieb vieles dazu, das für uns aktueller ist denn je. Besonders mit dem Thema Moralität beschäftigte er sich. Wer entscheidet eigentlich, was gut ist und was böse? In einem Weihnachtsartikel kurz nach Beginn des zweiten Weltkrieges forderte er seine Leser aus damals aktuellem Anlass stark heraus:

Wenn es so etwas wie „richtig" und „falsch" gar nicht gibt, dann ist nichts in sich gut oder böse. Keine Ideologie ist besser oder schlechter als eine andere. Denn ein besserer Moralkodex kann nur einer sein, der einem echten, absoluten Maßstab am nächsten kommt. Ein Stadtplan von New York kann nur dann besser sein als ein anderer, wenn es ein echtes, objektives „New York" gibt, an dem die Stadtpläne gemessen werden. Wenn dieser objektive Standard nicht existiert, dann ist unsere Wahl zwischen der einen oder der anderen Ideologie rein willkürlich. Auch unser Kampf um demokratische Ideale gegen die Bosheit der Nazi-Ideale ist eine Zeitverschwendung, denn das eine ist nicht besser als das andere. Es kann auch niemals echte Verbesserungen oder Verschlechterungen geben. Wenn es keine echte Ziellinie gibt, dann ist es der Versuch, sich ihr zu nähern, müßig. Eigentlich gibt es keinen Grund mehr, sich für irgendetwas einzusetzen. (Dezember 1946)[2]

Zwei Entwicklungen, die in den vergangenen Monaten Schlagzeile gemacht haben, lassen Lewis' Worte mit einer neuen Aktualität aufleben. Die erste war eher Stoff für die Klatschblätter, aber trotzdem starkes und dramatisches Anschauungsmaterial für einen Zeitgeist, in dem gut und böse rein subjektive Wahrnehmungen sind; die zweite weit ernster.

„MEINE WAHRHEIT ODER DEINE WAHRHEIT?"

„Wir müssen uns selbst treu sein", behauptete der jüngere Sohn von König Charles (letzterer damals noch Kronprinz), als er zusammen mit seiner amerikanischen Frau Meghan ankündigte, dass er sein Glück nun im sonnigen Kalifornien suchen und der langweiligen altbackenen königlichen Familie in Großbritannien den Rücken kehren wolle. Wie dieses Paar von den modernen selbsternannten Freigeistern der post-christlichen Ära gefeiert wurde! Nun stand alles Schlange, was in der High Society Rang und Namen hatte, um mit den Insider-Geheimnissen der abtrünnigen Royals satte Umsätze und lukrative Geschäfte zu machen. Der Prinz wurde für seinen Mut bewundert, dem altehrwürdigsten patriarchalen Clan der Welt die Stirn geboten zu haben, viele hatten Verständnis dafür, dass das steife Protokoll eines Lebens im goldenen Käfig nicht jedermanns Sache ist.

Als die „Flitterwochen" der neu gewonnenen Freiheit vorbei waren, geschah das, wovor schärfere Köpfe von Anfang an gewarnt hatten. Das einzige Kapital, das Prinz Harry seinen neuen Arbeitnehmern zu bieten hatte, waren Leckerbissen vom Geschehen hinter den Palastmauern der Windsors. Vor einem schmatzenden, neugierigen globalen Publikum ließ das Paar eine Horrorstory nach der anderen vom Stapel – die meisten davon frei erfunden – und präsentierte sich als Opfer eines haarsträubenden britischen Rassismus. Sie seien regelrecht aus der Familie und aus dem Land herausgemobbt worden, behauptete Meghan mit Tränen in den Augen. Unterstützer des Paares verteidigten die beiden, das sei doch keine Untreue, kein Verrat an der eigenen Familie, die beiden hätten keine Lügen erzählt, sie hätten nur „ihre Wahrheit" gesagt, und seien „sich selbst treu gewesen", das sei die Hauptsache im Leben. Fakten würden niemanden interessieren.

Eine offensichtliche Frage drängte sich aufmerksamen Verfolgern des Skandals auf: Wenn Harry und Meghan also das Recht hatten, „sich selbst treu zu sein" und „ihre Wahrheit" mitzuteilen, wie es in ihren Fankreisen hieß, wie stand es mit der Wahrheit anderer Mitbetroffener – mit ihrem Recht, sich selbst treu zu sein, mit ihrem Ruf, mit „ihrer" Wahrheit? Durften auch sie „sich selbst treu sein" und ihre Seite der Geschichte erzählen?

Mit dem oben genannten Motto sind Harry und Meghan wahrhaftig Kinder ihrer Zeit. Was man gerade fühlt, ist die Wahrheit.

Diese Geschehnisse offenbaren, wohin moralische Beliebigkeit führt: zurück in die Barbarei. Zurück zum Überleben des Stärkeren. Zur Lufthoheit derer, die am lautesten schreien und bereit sind, sich gewaltsam durchzusetzen und dabei über Leichen zu gehen.

BLUTBAD IM HEILIGEN LAND

Die zweite Entwicklung, die die Endstation einer Gesellschaft ohne moralischen Kompass in ihrer gesamten Ungerechtigkeit und Kälte zeigt, waren die Szenen auf unseren Straßen nach dem Oktobermassaker in Israel 2023. Die kaltblütigsten Mörder und Vergewaltiger der Weltgeschichte werden bejubelt und gefeiert, unbestreitbare Beweise ihrer Gräueltaten an unschuldigen Israelis verschwiegen oder bestritten, Spendengelder in Millionenhöhe in ihre korrupten Bankkonten gekippt, obwohl bekannt ist, dass das Geld nicht bei den humanitären Projekten landet, für die es gespendet wird, sondern für neue Waffen und Terrorausrüstung gegen die Juden. Und für neue Luxusautos für die Hamas-Führung, die in üppigem Prunk in 6-Sterne-Hotels in Kuwait hocken, während die eigenen Leute als menschliche Schutzschilder gegen die Defensivstreitkräfte der Israelis missbraucht werden. Mit schlauen Propagandafeldzügen werden die Täter zu Opfern gemacht und die eigentlichen Opfer zu Tätern erklärt und entsprechend behandelt.

In diesen aktuellen Entwicklungen sind Fakten nicht mehr relevant, sondern ein bestimmtes, vom Zeitgeist vorgegebenes Narrativ treibt das Geschehen. Nur das, was in dieses Narrativ hineinpasst, wird akzeptiert, berichtet und für wahr gehalten – ob es den Tatsachen entspricht oder nicht. Die Medien sind inzwischen bei fast jedem Thema in Gesellschaft und Politik von dieser Krankheit befallen. Man berichtet, was zu dem progressiven Narrativ passt, die Täter- und Opferrollen werden willkürlich zugeteilt und die Schattenseiten der neuen Ideologien totgeschwiegen.

Biblische Propheten kannten diese Prozesse gut. Schon Jesaja rief in Verzweiflung: *„Wehe denen, die das Böse gut nennen und das Gute böse; die Finsternis*

zu Licht machen und Licht zu Finsternis; die Bitteres
zu Süßem machen und Süßes zu Bitterem!" (Jes 5,20).

Dazu noch einmal aus C. S. Lewis' Weihnachts-
aufsatz von 1946: „Es existiert kein objektives
Richtig/Falsch mehr. Jede Rasse, jede Gesellschafts-
schicht kann nach Lust und Laune ihren eigenen
Verhaltenskodex erfinden, ihre eigene ‚Ideologie'."[3]

Das Ergebnis? Der anhaltende Albtraum, der
im Nahen Osten für Viele – Juden wie Araber –
eine tägliche Realität ist. Aber nicht nur dort, sondern auch in anderen Gegenden der Welt, in denen
die zivilisierende Auswirkung biblischer Maßstäbe
mit Füßen getreten wird.

Was dabei tragischer ist als alles andere: Auch
der Leib Christi ist davor nicht gefeit.

Aber was hat das mit uns in unserem normalen
Alltag zu tun? Alles! Denn wir alle neigen dazu,
objektive biblische Maßstäbe zu unseren Guns-
ten zu verbiegen und anzupassen. Das, was wir
in den Schlagzeilen lesen, sind lediglich dramatische, öffentliche Endstationen von dem Auto-
matismus, der im Kleinformat in uns allen lauert.
Die Bibel nennt den chronischen Zwang, unser
eigener Gott sein zu wollen, Fakten, Umstände
und sogar Menschen so zu manipulieren, dass wir
unser Narrativ durchsetzen können und der eigenen Schuld nicht in die Augen schauen müssen,

Sünde. Wie viel mehr Spaß macht es doch, von all dem zu erzählen, was der andere mir angetan hat, als ehrlich zu bekennen, was ich dem anderen angetan habe! Wir alle präsentieren uns gern als Opfer. Denn als Opfer müssen wir uns nicht ändern.

„PRÜFT ALLES" – DIE BAUSTELLE, BEI DER ES ANFÄNGT

Die Bibel als Prüfstein unseres Denkens und Handelns ändert alles. Das Wort Gottes enthüllt den Täter in mir, nicht in erster Linie das Opfer. Deshalb kostet es Mut, seine Botschaft zu Herzen zu nehmen. Wenn ich mich als Täter sehe, dann stehe ich automatisch in der Verpflichtung und Verantwortung, mich zu ändern. Unserem Hang zu Sünde und Narzissmus wird ein Strich durch die Rechnung gemacht. Das Wort Gottes befähigt uns, die Fäulnis in der eigenen Seele zu erkennen, darüber entrüstet zu sein, und um Hilfe zu schreien. Dies ist der wichtigste Akt des Prüfens, dem sich eine menschliche Seele unterziehen kann: Der Mut, umzuschalten auf Gottes Narrativ, weg von unserer eigenen „Wahrheit", zurück zu *der* Wahrheit: zu *seiner* Wahrheit. Den Schuldenberg vor Augen zu haben, den wir auf eigene Faust nie loswerden können. Die Sünde, die auf unseren

Schultern lastet, als unerträglich zu empfinden und sie loswerden zu wollen. König David protokollierte die bittere Sündenerkenntnis einer reumütigen Seele in Psalm 51 ausführlich und zeigte uns damit, wie eine perfekte Punktlandung bei der Wahrheit Gottes aussieht:

Sei mir gnädig, Gott, nach deiner Gnade; tilge meine Vergehen nach der Größe deiner Barmherzigkeit!
Wasche mich völlig von meiner Schuld, und reinige mich von meiner Sünde!
Denn ich erkenne meine Vergehen, und meine Sünde ist stets vor mir.
Gegen dich, gegen dich allein habe ich gesündigt und getan, was böse ist in deinen Augen; damit du im Recht bist mit deinem Reden, rein erfunden in deinem Richten. (Ps 51,3-6)

Von allein kommt kein Mensch auf die Erkenntnis der eigenen Verlorenheit vor Gott. Die unerlöste Seele prüft sich selbst und meint, sie sei total in Ordnung. Erst der ernste Blick ins Wort Gottes nimmt uns die Schuppen von den Augen.

Schuld verlangt nach einem Ausgleich. Meine moralischen Rechnungen müssen bezahlt werden – ob es die kleine Notlüge ist oder die lüsternen

Blicke und Gedanken oder die Gleichgültigkeit Gott gegenüber, die Trägheit, die Ausreden, die kleinen Selbstsüchteleien, die ständigen Rechthabereien, mit denen ich meinen Mitmenschen das Leben schwer mache …

Die Liste ist endlos. „Schwamm drüber, alles nicht so schlimm, die anderen machen es auch", funktioniert nicht mehr, sobald ich anfange, mein Verhalten an Gottes Maßstäben zu prüfen. Fakt ist: Es *ist* schlimm. Nichts von meiner Sünde wissen zu wollen, bringt mich auch nicht weiter. Spätestens dann nicht, wenn ein Mitmensch gegen *mich* sündigt und von seiner Sünde nichts wissen will. Denn gerade das ist das Wesen der Sünde. Wenn ich andere kritisiere und zurechtweise, dann ist es, weil ich halt ein ehrlicher Mensch bin. Wenn der andere mich kritisiert und zurechtweist, bin ich empört. Unser Empfinden für unsere eigene Sündhaftigkeit ist hochgradig betäubt, doch über das Fehlverhalten der anderen sind wir in ständiger Alarmbereitschaft, bereit, laut aufzubegehren, wenn jemand uns in die Quere kommt. Das ist das, was Sünde mit uns macht.

„Prüft alles, und behaltet das Gute."

David hat uns in den Psalmen hilfreiche Vorlagen gegeben, wie ein bußfertiges Herz seine Bitten formulieren kann:

Erforsche mich, Gott, und erkenne mein Herz.
Prüfe mich und erkenne meine Gedanken! Und
sieh, ob ein Weg der Mühsal bei mir ist, und leite
mich auf dem ewigen Weg! (Ps 139,23)

Prüfe mich, HERR, und erprobe mich; läutere
meine Nieren und mein Herz! (Ps 26,2)

Mit solchen Gebeten können auch wir unserem
Gott die Erlaubnis geben, unser Gewissen zu be-
leben; uns symbolisch auf die Finger zu hauen,
wenn unsere Gedanken in eine falsche Richtung
treiben; uns zu korrigieren, wenn wir falsch liegen.
Das Wort Gottes darf auch bei uns als göttliches
Korrektiv in der Seele eingenistet sein, um sie auf
Gottes Spur zu halten, schlechtes Verhalten recht-
zeitig anzumahnen und Stoppschilder aufzustellen,
bevor Versuchungen sich in handfeste, sündhafte
Taten verwandeln. Unser Herz ist die Baustelle, bei
der jedes Prüfen anfangen muss.

Wir Christen des Neuen Bundes haben allerdings einen Vorteil gegenüber David. Wir dürfen
vor dem Kreuz Jesu verweilen und mit Dankbarkeit und Erleichterung darüber staunen, dass unser
Herr – anders als wir – alle Tests und Prüfungen
an unserer Stelle durchlaufen und zur vollen Zu-
friedenheit Gottes bestanden hat! Hier am Kreuz

wurde alles auf Mark und Bein geprüft, und alles für gut befunden. Und wir, die wir mit unserer Sünde Gottes Maßstab nie erfüllen können, dürfen durch seinen Tod am Kreuz Vergebung empfangen, uns kleiden lassen in seine Kleider der Gerechtigkeit, und in der Gewissheit leben, dass Davids Gebet *„läutere mein Herz"* erhört worden ist – in Christus. Wir sind reingewaschen, frei von der Last unserer Sünde!

Meinen Schülern habe ich es immer wieder so erklärt: Du schreibst die Prüfung, vermutlich eher schlecht als recht, du bekommst aber *seine* Note. Du machst Schulden, bekommst die Rechnung, darfst sie aber umleiten auf seine Adresse, und *er* bezahlt sie. Du wirst mit Recht verurteilt, aber *er* nimmt deine Strafe auf sich. Wir werden bildlich gesprochen von Neuem geboren, die Festplatte in unserer Seele wird neu programmiert – auf den Himmel hin, ohne die Viren, mit der eine irdische Festplatte infiziert ist. Das ist die Basis für alles, was Paulus lehrt. Der neue Mensch im wiedergeborenen Herzen kommt zur Geltung, verwurzelt im Herrn selbst. Er gehorcht den Anweisungen aus dem Wort Gottes, nicht weil er hofft, dadurch gerettet zu werden oder bei Gott Bonusse einzukassieren, sondern weil er durch Christus schon gerettet ist; weil er in Christus jeden Test bestanden hat; weil er alle Bonusse schon hat. Das Bemühen um einen heiligen Lebensstil, der folgt, ist nichts anderes als ein „Dankeschön" für diese unglaubliche, unverdiente Gnade Gottes. Wir ändern uns, prüfen alles und werfen alles ab, was nicht Gott entspricht – nicht weil wir müssen, sondern weil wir wollen, weil wir nicht anders können.

Wie sieht dieses „Dankeschön" im Alltag aus? Zu jeder guten Unterrichtsstunde gehören praktische Übungen zur Vertiefung des aktuellen Themas. Welches Thema eignet sich besser für konkrete Fallbeispiele als dieses? Wir wollen einige Floskeln und Weisheiten ansehen, die in vielen christlichen Kreisen und Gemeinden unserer Zeit zur Mode geworden sind. Ich höre sie oft, vor allem unter Jugendlichen. Sie klingen im ersten Moment so klug, so nachvollziehbar, manchmal auch halb wahr. Viele davon spiegeln jedoch den Narzissmus und die Ich-Zentriertheit des heutigen Zeitgeistes wider. Gerade das macht sie so gefährlich. Im Folgenden wollen wir einige davon „prüfen" und uns überlegen, was das „Gute" ist, das wir behalten sollen.

HEISSE SPRÜCHE
IN HEISSEN ZEITEN

5

Wenn Paulus uns ermutigt, alles zu prüfen und das Gute zu behalten, macht er dies nicht mit erhobenem Zeigefinger, sondern wie der Hirte, der seine Schafe von einer giftigen Weide – die nach außen hin vielleicht saftig und verlockend aussieht – auf eine frische, gesunde Weide führen will. Einer Sache dürfen wir uns sicher sein: Das Gute, das wir behalten müssen, ist immer viel herrlicher und befreiender als sämtliche Ideen, die von Menschen kommen.

Hier sind einige Menschenweisheiten, die wir unter die biblische Lupe nehmen wollen:

„LIEBE HAT DAS LETZTE WORT"

Wie bequem es doch wäre, mit der Bibel in der Hand zuversichtlich verkündigen zu dürfen: „Ende gut, alles gut!" Alle Wege führen irgendwie zu Gott. Gott wird doch nie und nimmer jemanden ausschließen. Alle kommen am Ende in den Himmel.

Die Bibel redet eine andere Sprache. Gerade weil Gottes Liebe das letzte Wort hat, ist der Ton dringlich, wenn es um die Ewigkeit geht – ernst, mit wiederholten Aufrufen, das brennende Gebäude zu verlassen, bevor es zu spät ist. In Matthäus warnt Jesus immer wieder, dass es ein „Zu-spät" geben wird (Mt 25,46; Mt 10,28; Mt 13,50). Seine

Nachfolger sprechen die gleiche Sprache. Das Bild ist stimmig, warnend und klar (vgl. auch 2Petr 2,4; Jud 1,7; Offb 21,8; Offb 20,13-14).

An einer anderen Stelle in seinen Schriften an die Gemeinde in Thessalonich greift auch Paulus das Thema Ewigkeit auf:

Dabei übt er Vergeltung an denen, die Gott nicht kennen, und an denen, die dem Evangelium unseres Herrn Jesus nicht gehorchen; sie werden Strafe leiden, ewiges Verderben vom Angesicht des Herrn und von der Herrlichkeit seiner Stärke, wenn er kommt, um an jenem Tag in seinen Heiligen verherrlicht und in allen denen bewundert zu werden, die geglaubt haben; denn unser Zeugnis an euch ist geglaubt worden. (2Thes 1,8-10)

Ja, Liebe hat das letzte Wort – aber nicht die Liebe, die leichtfertig über Sünde hinwegsieht und ein Auge zudrückt, wenn Menschen sich gegenseitig zerstören. Sondern die Liebe, die bereit war, sich selbst als Opfer hinzugeben, damit geschädigte Seelen heil werden. Wer diese Liebe im Glauben annimmt, hat ewiges Leben. Die Einladung geht an alle aus. Eine größere Liebe als diese gibt es in Zeit und Ewigkeit nicht.

„EINHEIT IST WICHTIGER ALS LEHRMÄSSIGE INHALTE"

Jesu Mahnworte zum Thema Liebe und Einheit in Johannes 14 werden in heutigen christlichen Kreisen oft als Grund zitiert, warum wir umstrittene Fragen aus jedem Miteinander ausklammern sollen. Der Herr betete, dass wir eins sein sollen (Joh 17,21), deshalb sollten wir bitteschön alles Kontroverse unter den Teppich kehren, das Gemeinsame und nicht das Trennende suchen und nett zueinander sein. Punkt. „An den Glauben des anderen glauben", schlug ein Pastor, um Einheit bemüht, als neues Motto für das Miteinander der Christen neulich vor.

So klingt es, wenn ein Bibelvers aus dem Gesamtkontext herausgerissen wird. An vielen anderen Stellen macht Jesus klar, dass eine gemeinsame Hingabe an die Wahrheit seines Wortes die Basis unserer Einheit ist. Manchmal wird der sogenannte „Rat des Gamaliel" (Apg 5) als Ausrede für Kompromisse benutzt. Gamaliel war ein weiser jüdischer Lehrer, der die Verfolger der ersten Jünger ermahnte, der Sache ihren Lauf und die Männer in Ruhe zu lassen. Wenn ihr Wirken von Gott wäre, könne man ohnehin nichts dagegen unternehmen, wenn nicht, dann würde es von allein im Sand verlaufen, meinte er. Autor und

Theologe Peter Bruderer geht in seinem Artikel „Die Gamaliel-Strategie" heftig mit dieser These ins Gericht:

Der „Rat des Gamaliel" hat sich als allgemeine Lebensweisheit eingebürgert. Die Idee ist: Auf die Dauer wird nur das Bestand haben, was Gott bewirkt. Alles andere wird ungefähr so schnell verschwinden, wie es aufgetaucht ist. Mit dieser Annahme ist auch die Idee verbunden, einander in Konfliktsituationen leben zu lassen, Pluralität der Meinung zuzulassen und sich nicht gegen etwas zu wenden. Vielmehr sollen wir abwarten und sehen, was die Zeit bringen wird.

Während Gamaliel zumindest oberflächlich gesehen als toleranter und offener Friedensvermittler daherkommt, ist ja Paulus immer wieder damit beschäftigt, Irrlehren und Sünden beim Namen zu nennen und die christlichen Gemeinschaften zu einer liebevollen aber klaren Linie in Fragen von Theologie und Moral anzuhalten. Paulus möchte ausdrücklich nicht, dass Christen in Schlüsselfragen nach dem Rat des Gamaliel agieren und einfach alles ohne Wertung nebeneinander stehen lassen. Paulus scheut sich nicht, den anderen Apostel Petrus frontal und öffentlich zu konfrontieren (siehe Gal 2) und grundlegend falsche Lehre als verfluchte zu bezeichnen (Gal 1:6–9). Wo bleibt da der „Rat des Gamaliel" bitte schön Paulus?[4]

Wir haben schon gesehen, wie hartnäckig und wiederholt die Apostel vor Irrlehren warnten. Auf jeden Fall hat dieses Thema viel mehr Gewicht in der Bibel als in der Gemeinde heute, in der es selten auf den Tisch kommt. Diese Männer wussten nichts von der Toleranz und der sogenannten Vielfalt, die in unseren Reihen oft heraufbeschwört werden. Hier ein paar weitere Kostproben:

Paulus schreibt an die Römer:

Ich ermahne euch aber, Brüder, dass ihr achthabt auf die, welche entgegen der Lehre, die ihr gelernt habt, Zwistigkeiten und Anstöße zur Sünde anrichten, und wendet euch von ihnen ab! (Röm 16,17)

In seinem Brief an Titus nimmt Paulus kein Blatt vor den Mund und bezeichnet Irrlehrer als

Aufsässige, hohle Schwätzer und Betrüger … denen man den Mund stopfen muss, die ganze Häuser umkehren, indem sie um schändlichen Gewinnes willen lehren, was sich nicht gehört … Aus diesem Grund weise sie streng zurecht, damit

sie im Glauben gesund sind und nicht auf jüdische
Fabeln und Gebote von Menschen achten, die sich
von der Wahrheit abwenden! (Tit 1,10.11.13-14)

Das kleine Buch Judas enthält eine ähnliche Botschaft.

Biblische Aufforderungen zur Einheit haben nichts mit der Duldung von Pluralität der Theologie zu tun, sondern mit unserem Verhalten zueinander innerhalb der Gemeinschaft der Gläubigen, und damit, dass wir uns nicht über Nichtigkeiten und Kleinigkeiten in die Haare kriegen sollten. Pluralität fördert in der Regel übrigens nicht das Wachstum einer Gemeinde, sondern ist meist der erste Nagel, der in den Sarg eingeschlagen wird.

Alles schön und gut. Aber wie sieht das im Alltag praktisch aus? Ich bin eben mit vielen Menschen zusammen, die alle möglichen bunten Meinungen vertreten, die ich nicht als biblisch sehen kann. Muss ich ihnen aus dem Weg gehen?

„SCHOTTE DICH VON ALLEN AB, DIE NICHT GENAUSO GLAUBEN WIE DU"

Ein Pferd hat zwei Seiten, von denen man fallen kann. Auch das gehört zur Kunst des Prüfens: zu erkennen, wenn ich mein Gleichgewicht verloren habe und in dem einen oder anderen Punkt zu extrem geworden bin. Wer zu sehr darauf aus ist, in seinem Eifer für den rechten Glauben Irrlehren und Fehler bei anderen auszuschnüffeln, läuft Gefahr, selbst in eine Irrlehre zu rutschen. Rechthaberische, verurteilende Pharisäer kamen bei Jesus nicht gut davon. Paulus empfiehlt in seinem Appell an die Gemeinde in Thessalonich eine gesunde Kombination von geistlichen Tugenden: *„Wir ermahnen euch aber, Brüder: Weist die Unordentlichen zurecht, tröstet die Kleinmütigen, nehmt euch der Schwachen an, seid langmütig gegen alle!"* (1 Thes 5,14).

Zurechtweisung, Trost, Annahme, Geduld: Ein trainiertes Herz hat gelernt, zu prüfen und zu unterscheiden, was wann im Umgang mit anderen passend und im Sinne des Herrn ist. Standhaft zu sein gegen Irrlehre, aber gleichzeitig barmherzig, geduldig und sanft mit denen, die im Glauben nicht so weit sind – alles eingebettet in die herzlichen Beziehungen, die die Nachfolger Jesu mit denen geführt haben, die ihnen anvertraut waren. Paulus drückt es in seinem Brief an die Galater ähnlich aus:

Brüder, wenn auch ein Mensch von einem Fehltritt übereilt wird, so bringt ihr, die Geistlichen, einen

solchen im Geist der Sanftmut wieder zurecht.
Und dabei gib auf dich selbst acht, dass nicht auch
du versucht wirst! (Gal 6,1)

Unsere Geduld muss aber dort ein Ende haben, wo schädliche Einflüsse gezielt gestreut werden und Verwirrung verbreiten. Meistens geht es um Machtstreben, Leitungsambitionen, die Suche nach Anerkennung. Theologische Themen dienen oft nur als Aufhänger für persönliche Agenden. Ich kann mich an kaum eine Zeit in unserer Gemeindegeschichte erinnern, in der nicht irgendjemand versucht hätte, durch bestimmte Sonderlehren oder Lieblings-Steckenpferde eine Fangemeinde um sich zu sammeln. Die Themen sind unterschiedlich, aber die Taktik bleibt immer die gleiche. Es fängt meist an mit: „Hier in der Gemeinde ist nicht genug …", dann folgt ein beliebiges theologisches Thema, „… nicht genug Zeichen und Wunder, nicht genug Israeltheologie, nicht genug Gnade, nicht genug Seelsorge, nicht genug Calvinistische Lehre …"

Wenn ein Anliegen, das durchaus seine Berechtigung hat, nicht in Liebe und Demut angesprochen, sondern militant und feldzugartig durchgesetzt wird, dann stimmt etwas nicht. Es wird suggeriert, dass nur in einer Betonung auf dieses Thema wahres Heil und Glück zu finden sind. Der

Vertreter der jeweiligen Lehre bietet seine Hilfe an, diese unverzichtbaren Erkenntnisse in die Gemeinde einzuführen, sammelt eine Fangemeinde um sich, die ihn anfeuert, und schon ist eine Gemeindespaltung vorprogrammiert. Irrlehrer sind Meister in der Mischung von Wahrheit und Lüge.

Paulus scheut sich nicht davor, solche Einflüsse wie auch ihre Vertreter offen zu entlarven (z. B. 1 Tim 1,19-20). Er schreibt:

Wenn jemand zu euch kommt und diese Lehre nicht bringt, so nehmt ihn nicht ins Haus auf und grüßt ihn nicht! Denn wer ihn grüßt, nimmt teil an seinen bösen Werken (2 Jo 10).

Das Ziel jeder Zurechtweisung muss sein, den Gegner für die Wahrheit zu gewinnen. Wenn er sich nicht gewinnen lässt, dann einfach loslassen. Endlose Dialoge und Klärungsversuche machen nur müde und lenken uns von unserer eigentlichen Aufgabe ab, verlorene Menschen für Jesus zu gewinnen.

Ich bin manchmal bedrückt, wenn ich erfahre, dass sich schon wieder ein Bekannter, der unkompliziert und fröhlich mit Jesus unterwegs gewesen war, von der Bibel abgewandt hat und über diejenigen lustig macht, die glauben. Ich versuche – meistens vergeblich –, das Gespräch zu suchen, aber wenn das nicht funktioniert, mache ich das, was Jesus empfohlen hat: den Staub abschütteln, und mich auf die Suche machen nach den Nächsten, die die gute Nachricht hören wollen und sie mit Freude aufnehmen. Und von diesen gibt es jede Menge!

„Prüft alles." Darf ich das Verhalten meiner Mitmenschen prüfen? Geht es mich überhaupt etwas an? Ich habe für mich persönlich beschlossen, wie folgt vorzugehen, wenn ich befürchte, dass ein Mensch, vor allem ein Mitchrist, der mir wichtig ist, dabei ist, auf einen Irrweg abzurutschen.

Zuerst versuche ich, meine eigene Haltung zu prüfen. Geht es hier wirklich um eine Irrlehre oder um eine Frage des Geschmacks, der Unreife oder der Unwissenheit? Manchmal zucke ich zusammen, wenn ich sehe, mit welchem Kleidungsstil manche, vor allem junge, christliche Influencer auf Instagram auftreten. Oder auch bei manchem, was in meiner eigenen Gemeinde zu sehen ist! Da muss ich mich prüfen, ob meine Bedenken mit Alter und Geschmack zu tun haben, oder ob es wirklich um handfeste Sünde geht. Ich darf eine schräge Frisur nicht mit den Zehn Geboten verwechseln. Außerdem muss es in unseren Gemeinden Raum geben für Fehler, für Bruchlandungen, auch für Unreife, Konflikte und Peinlichkeiten. Es darf menscheln. Wir wollen die Freiheit in Christus spürbar werden lassen und uns nicht gegenseitig belauern und penibel nach den Fehlern anderer suchen. Vor allem für unsere Kinder und Jugendlichen ist es fatal, wenn wir sie in einer christlichen Blase festhalten, voller selbstgemachter Regeln – aus Angst, dass sie von der Welt beeinflusst werden.

Ich frage mich auch, ob mich die Sache wirklich etwas angeht. Kann ich hier etwas Konstruktives bewirken? Falls nicht, dann halte ich mich so weit wie möglich von dem Streit fern oder überlasse die Auseinandersetzung anderen, die bessere Nerven haben und berufen und befähigt sind, sich mit der Sache auseinanderzusetzen.

Gefestigt in den eigenen Überzeugungen zu sein, aber höflich und wohlwollend gegenüber Andersdenkenden und liebevoll konfrontativ, wenn Andersdenkende in meinem Verantwortungs- und Einflussbereich Unruhe stiften – das ist offenbar der biblische Weg. Uns in Angst und Panik hinter die Mauern unserer Gemeinden zurückzuziehen, misstrauisch gegen alle zu sein, die von unserer Meinung abweichen, uns als die einzig Richtigen zu sehen – das ist der falsche Weg. Von allen Geistern, die wir prüfen müssen, müssen wir auch hier bei uns selbst, also bei unserem Geist, anfangen!

„STEH ZU DIR"

„Folge einfach deinem Herzen", wurde einmal einer jungen Frau geraten, die sich in einen richtigen Schurken verliebt hatte und ihn heiraten wollte. Ach, klingt das schön! So harmlos. Tue das, was die innere Stimme sagt, es wird schon das Richtige sein. Dabei haben wir unzählige Beispiele von Menschen in der Bibel, die ihrem Herzen gefolgt sind – mit nicht allzu guten Folgen. Adam und Eva folgten ihren Herzen, als sie sich an einem Genussmittel bedienten, das nicht für sie vorgesehen war. David folgte seinem Herzen, als er seine sexuelle Lust auf eine Weise befriedigte, die ihm nicht zustand. Jeder grausame Tyrann der Weltgeschichte folgte seinem Herzen, als er gewissenlos über Leichen ging, um ganze Bevölkerungen unter seiner Herrschaft zu Knechten zu machen. Die Bibel macht klar, dass ein menschliches Herz alles andere als vertrauenswürdig ist. Es ist ein Gefährt, das ich lenken und zähmen muss. Ich muss es oft in die Schranken weisen und mir bewusst sein, dass es, losgelöst von Gott, zu gröbstem Fehlverhalten fähig ist. Genau das meint der Schreiber der Sprüche, wenn er uns ermahnt: *„Mehr als alles, was man sonst bewahrt, behüte dein Herz. Denn in ihm entspringt die Quelle des Lebens"* (Spr 4,23), und Jeremia: *„Trügerisch ist das Herz, mehr als alles, und unheilbar ist es"* (Jer 17,9).

Klingt stressig, oder? Ist es auch – anfänglich zumindest. Den spontanen Regungen und Trieben des Herzens freien Lauf zu lassen, ist viel einfacher, als auf die Stimme unseres Gewissens zu hören, die sagt: „Hoppla, Moment, stopp!" Der Hang zur Sünde in jedem von uns hindert uns daran, langfristig zu denken und die Folgen der Überlegungen unseres Herzens zu berücksichtigen. Hier ist Jakobus eine Hilfe:

Ein jeder aber wird versucht, wenn er von seiner eigenen Begierde fortgezogen und gelockt wird. Danach, wenn die Begierde empfangen hat, bringt sie Sünde hervor, die Sünde aber, wenn sie vollendet ist, gebiert den Tod. (Jak 1,14-15)

Wenn unser Herz durch Umkehr, Buße und die Hinwendung zum Herrn belebt und gereinigt wird, hat es ganz neue Möglichkeiten, gesunde Denkmuster zu entwickeln, die zu guten Entscheidungen führen. Aus dem „Hoppla, stopp!" unseres vom Geist Gottes geleiteten Gewissens entwickelt sich nach und nach eine innere Abscheu gegenüber Zorn, Neid, Lust, Lieblosigkeit, Untreue, Verzweiflung und sämtlichen anderen negativen Gefühlen, die unser inneres Leben immer wieder überrollen und unseren Geist lahmlegen. Genau das ist das *„fleischerne Herz"* (im Gegensatz zum *„steinernen Herz"*, von dem die Bibel immer wieder spricht; s. Hes 36,26; vgl. Jer 31,33; Röm 2,15; Hebr 10,16). Das Herz, das fühlt, wie Gott fühlt; denkt, wie Gott denkt; und schließlich – so hoffen wir – handelt, wie Gott handelt! Wir lernen sozusagen, zu ticken, wie er tickt. Die Versuchungen bleiben, solange wir auf dieser Erde leben. Aber wohl uns, wenn wir Gott täglich um Hilfe bitten, wenn unsere Liebe und Leidenschaft für ihn immer ein bisschen stärker sind als alles, was uns in dieser Welt runterziehen will. Wenn unser Herz mit dem Wort Gottes gefüllt ist, dürfen wir diesem Herzen gern folgen.

„WENN WIR NUR GENUG BETEN, DANN WIRD ALLES GUT ..."

„Alles wird gut", hat die bekannte Moderatorin Nina Ruge am Ende der Sendung „Hallo Deutschland" immer in die Kamera gesäuselt. Balsam für die Seele war es, der Wohlfühleffekt perfekt gelungen. Es gibt Verse in der Bibel, die so ähnlich klingen. Mein Blick bleibt ganz von allein an ihnen haften, sie geben mir das Gefühl, in geraden Lebensbahnen laufen zu können, auf denen mir größere Krisen erspart bleiben. Ein Klassiker davon ist: *„Wir wissen aber, dass denen, die Gott lieben, alle Dinge zum Guten mitwirken"* (Röm 8,28). Was könnte dieser Vers anderes bedeuten, als dass die trüben Phasen meines Lebens irgendwann in ein Happy End münden? Vorher-nachher-Berichte und Zeugnisse nach dem Muster „Ich hatte ein Problem, ich betete zu Gott, und er löste das Problem" sind überall hoch im Trend. Wer von uns ist nicht ein Fan von erhörten Gebeten?

„Je mehr Leute beten, desto besser!", hieß es einmal, als ein prominenter Prediger krank wurde. Unheilbar krank. Immer eine doofe Sache.

Eine weltweite digitale „Gebetsarmee" wurde zusammengetrommelt. Warum sollte gerade dieser Mensch sterben, der so vollmächtig von Gott gebraucht wurde, um Tausende von Menschen zum Glauben an Jesus zu führen? Nun müsse man Gottes Thron bestürmen – wenn Tausende Christen weltweit Gott in den Ohren lägen, werde er bestimmt handeln. Auf so einen starken Diener würde er nicht verzichten wollen. Es war so nachvollziehbar. Auch ich habe mitgebetet. Ich hatte viele Ideen, wen Gott lieber wegnehmen sollte. Irgendeinen ruchlosen Diktator, der anderen Leid zufügt. Die scheinen immer ewig zu leben. Von denen gibt es eine ganze Reihe, und ohne sie wäre die Welt ein viel besserer Ort.

Der Prediger starb. Je mehr Gebet, desto mehr Kraft Gottes? Die Rechnung ging nicht auf. Ich habe meinen Mann gebeten, keine Gebetsarmee zusammenzutrommeln, sollte ich eines Tages unheilbar krank sein. Leid will ich lieber privat tragen, oder nur mit engsten Freunden zusammen.

Dabei ist Beten tatsächlich eine dieser Sachen, die wir nie genug tun können. Das macht Paulus in seinen Aufforderungen zum Gebet klar, z. B. in Römer 12,12 oder Kolosser 4,2. *„Betet unablässig"*, ermahnt er in 1. Thessalonicher 5,17.

Natürlich geschieht etwas, wenn wir beten. Aber nicht unbedingt das, was wir wollen. Weil Gott besser weiß, was wir wirklich brauchen. Aufrichtiges Beten ist definitionsgemäß die Erlaubnis, die wir Gott erteilen, unsere Wünsche eben *nicht* zu erfüllen. *„Dein Wille geschehe"* ist das glaubensvollste Gebet in der ganzen Bibel. Es zieht einen Strich durch das Konzept vom Gebet als Mechanismus; als Formel, um ein bestimmtes Ziel zu erreichen. Es konzentriert Gebet auf das, was es sein soll: ein bedingungsloses Vertrauensvotum dem Gott gegenüber, dem ich diene. Manchmal führt uns Gott auf Wegen, die wir selbst nicht für uns ausgesucht hätten. Beten ist die tägliche Entscheidung, unsere Hände von unserem eigenen Leben wegzunehmen, und Gott Herr sein zu lassen.

Unseren Lebensentwurf beiseitezulegen und auf seinen Lebensentwurf für uns umzusteigen. Verwandelt, anstatt befriedigt zu werden.

> Wahres Gebet ist ein Inventar unserer Mängel, ein Katalog unserer Nöte, eine Enthüllung unserer verborgenen Armut. Während das Gebet sich an Gottes Reichtümer wendet, bekennt es gleichzeitig die menschliche Nichtigkeit. Das ist der einzige gesunde Zustand des Christen, dass er in sich selbst immer leer ist und beständig auf den Herrn angewiesen ist, dass er ihm gebe, was er in sich selbst nicht hat, dass er in sich selbst arm und allein in Jesus reich ist. Darum ist Gebet so heilsam: Indem es Gott bewundert, erniedrigt es das Geschöpf dahin, wo es hingehört: in den Staub. So ist das Gebet – schon abgesehen von der Erhörung – ein großer Segen für den Christen. (C. H. Spurgeon)[5]

Wie beim Prediger, für den die ganze Welt betete, gibt es auch in unserem Leben nicht immer ein Happy End. Es wird nicht immer alles gut. Flehende Gebete um Gesundheit, um Hilfe, um eine Lösung, um einen Partner werden nicht immer auf Knopfdruck erhört. Heißt das, es dient doch nicht alles zum Besten? Ist auf Gottes Verheißungen doch kein Verlass? Ich bitte um etwas, aber es wird mir nicht gegeben werden? Natürlich nicht! Bevor wir Gottes Verheißungen in Anspruch nehmen können, müssen wir auch Gottes Definitionen in Anspruch nehmen. Was ist für ihn ein Happy End?

Denen, die Gott *lieben,* wird in der Tat alles zum Besten dienen! Täglich in diesem Bewusstsein zu leben, hat gewaltige Folgen für unser Leben – viel größere als die Erfüllung persönlicher Wünsche. Auch wenn es nicht den gewünschten Job, das Auto, das schöne Haus oder den Traumpartner gibt. Auch wenn ich nicht gesund werde oder das Glück im Familienleben trotz Gebet zu wünschen übrig lässt, werden wir gerade dadurch daran erinnert, dass es eine sprudelnde Quelle des Lebens gibt! Sie ist jenseits von jedem rein irdischen Glück, jenseits vom menschlichen Verständnis von „Alles wird gut!"

Alles *wird* gut – aber eben im Sinne Gottes!

„ERGREIFE DEINE BERUFUNG"

Dieser Slogan war in den letzten Jahren in christlichen Kreisen oft als Seminar-, Konferenz- oder Buchthema zu sehen. Einmal wurde ich aufgefordert, die jungen Mütter unserer Gemeinde zu einer Online-Konferenz einzuladen. Ich sah mir das Video an, mit dem die Veranstaltung beworben wurde.

Blond, gestylt, souverän in ihrer Präsentation erzählte eine Referentin dieser Online-Veranstaltung von den Erfolgen ihres Lebens, von den vielen Gebetserhörungen, von ihren gutgeratenen Kindern, ihren Durchbrüchen im Glauben. Von den gottgegebenen Zufällen, durch die sie zu einer erfolgreichen Familienfrau, Unternehmerin und Influencerin geworden sei. Ihre Einladung zu diesem Frauenkongress richtete sich an junge Mütter, die – so meinte sie – zu sehr in ihrem häuslichen Hamsterrad gefangen seien und endlich lernen sollten, ihre göttliche Berufung zu ergreifen und etwas in der Welt zu bewegen. Während ich diese makellose Schönheit mit ihrer makellosen Bibel in der Hand vor mir sah, schwirrten mir Erinnerungen an meinen eigenen Alltag als junge Mutter durch den Kopf. Dunkle Ringe unter den Augen, Rollen von hartnäckigem Schwangerschaftsspeck an ungünstigen Stellen, etliche vernachlässigte Tassen halb voll mit Tee verstreut über die Wohnung, weil ich ja nie dazu kam, irgendeine ganz auszutrinken. Das Gefühl von Minderwertigkeit und der Eindruck: „Alle haben ihre Kindererziehung im Griff, nur ich nicht."

Nein, beschloss ich. Ich leite die Einladung nicht weiter. Die jungen Mütter, die ich kenne, werden sich sofort mit dieser blonden Vision der vollkommenen Frau Gottes vergleichen. Sie werden den

Druck verspüren, auch so sein zu müssen, und sich wie verwelkte Mauerblümchen vorkommen. Als ob sie nicht schon genug Herausforderungen im Leben hätten! Wer jeden Tag klebrige Rotznasen wischt, schreiende Kleinkinder vom Sandkasten ins Haus schleppt, nachher Sandspuren auffegt, nachts dreimal einen wimmernden Säugling beruhigt, tagein, tagaus Berge von Wäsche hin und her schleppt – so eine Frau ist eine Heldin! Sie hat schon ihre Berufung, und zwar die wichtigste, die es nur geben kann: kleine Menschen zu versorgen, zu erziehen, zu prägen, zu knuddeln, zu küssen, zu trösten, sauberzumachen.

Ich notierte mir noch weitere Gedanken dazu: Wir finden keine Helden in der Bibel, die aktiv nach einer Berufung *greifen* müssen, um von Gott gebraucht zu werden. Es sind Menschen wie du und ich. Sie stolpern durchs Leben, so gut sie können, und erleben mitten im Chaos die Hand Gottes, die nach ihnen greift und mit ihnen Geschichte schreibt.

Die gestylte Referentin meinte es gut und hat sicher auch viel Gutes zu sagen.

Trotzdem habe ich nach der digitalen Begegnung mit ihr einen eigenen Vortrag vorbereitet mit dem Thema „Brauchst du wirklich eine Berufung? Oder bist du schon in einer drin?" Am Beispiel von

Josef im Alten Testament sehen wir, wie ein Diener Gottes seine Berufung findet. Wo auch immer er sich befindet, in welcher aussichtslosen Lage er auch immer steckt, setzt er auf die Hilfe Gottes und dient in aller Schlichtheit seinen Mitmenschen, ob als Verwalter im Haus Potifars, im Gefängnis des Pharaos oder im Königspalast. Die Moabiterin Rut ist nicht mit der Entdeckung ihrer Berufung beschäftigt, während sie Tag für Tag Gerstenkörner auf den Feldern Bethlehems sammelt, damit sie und ihre Schwiegermutter die existenzielle Krise, in der sie sich befinden, überleben.

Paulus bringt es in seinem Brief an die Thessalonicher auf den Punkt: Der „Wille Gottes" – also deine Berufung – hat nicht in erster Linie mit äußeren Abläufen, Aktivitäten oder deinen Begabungen zu tun, sondern mit einem Innenleben, das eng mit Gott verbunden ist. Die Bibel nennt das *Heiligung* (1 Thes 4,3). Alles Weitere ergibt sich. Ein hingegebener Verehrer und Diener Gottes ist nie arbeitslos. Nachdem ich das Thema „Finde deine Berufung" geprüft habe, durfte ich schon wieder feststellen, dass das Gute, das wir behalten sollen, immer viel besser ist als die Ideen, die Menschen erfinden.

„WAS BRINGT MIR DIESE GEMEINDE?"

„Was bringt mir diese Gemeinde, wenn ich mich ihr anschließe?", fragt ein Gottesdienstbesucher, der laut eigener Aussage gerade dabei ist, „sich neu zu orientieren". „Ich bin gemeindegeschädigt", verkündet eine Besucherin, nicht ohne einen gewissen Stolz in der Stimme. „Das sind wir hier alle", antworte ich in aller Ehrlichkeit. „Ich am allermeisten, bin schließlich mit dem Pastor verheiratet!" Ich meinte es natürlich ein bisschen im Spaß. Ich wollte die grausamen Erfahrungen nicht herunterspielen, die manche Leute tatsächlich unter autoritären und machtsüchtigen Gemeindeleitungen machen. Solche Menschen fühlen sich zu Recht geschädigt.

Aber in Wirklichkeit sind wir alle geschädigt. Viel mehr als nur gemeindegeschädigt. Wir sind geschädigt durch Sünde, durch Egoismus, durch die blinden Flecken, die unsere eigenen schlechten Gewohnheiten und Launen in uns hervorbringen. Gerade an dieser Stelle muss die Gemeinde mir in der Tat etwas bringen. Aber nicht unbedingt das, was ich will. Nicht in erster Linie Ansehen und eine Plattform für meine hervorragenden Talente, den erhofften Partner fürs Leben, Mitleid für meine Probleme, die Jugendarbeit, die meine Kinder schön fromm werden lässt. Obwohl all diese Dinge natürlich auch eine Rolle spielen dürfen.

Gemeinde muss eine Reibungsfläche sein, an der meine Ecken und Kanten geschliffen werden. Sie ist mein Truppenübungsplatz, der mich kampffähig macht in dieser Welt. Der Ort, an dem Nächstenliebe praktisch wird; an dem ich daran erinnert werde, wie sehr ich auf die rettende Hilfe Gottes angewiesen bin und wie sehr ich ein Werkzeug dieser Rettung für andere sein darf. Ich lerne, den anderen vorzuziehen. Demütig zu sein. Zu helfen, wenn ich keine Lust habe. Ich brauche die Geschwister, gerade weil sie mir manchmal alles andere als sympathisch sind. Nicht, um mein Ego zu streicheln, sondern um zu verhindern, dass *ich* mein Ego streichele. Das ist der Grund, warum ich keinen Gottesdienst in meiner Gemeinde missen will. Nicht weil er mir etwas bringt, sondern weil er mir etwas abverlangt. Die Abläufe sind manchmal unbeholfen, es gibt Rechtschreibfehler in den Liedtexten, die an die Leinwand geworfen werden. Die Sänger auf der Bühne klingen schräg, weil der Sound nicht richtig abgemischt ist. Die eine oder andere Predigt bringt mir für meine persönliche Situation nichts. Welch bessere Umgebung kann es geben, um geheiligt zu werden, geduldig und genießbar zu werden, zu erkennen, dass es nicht um mich geht, sondern um Gott und seine Leute? *„Lasst uns aufeinander Acht haben"*, schreibt der

Verfasser des Hebräerbriefs (10,24-25), *„… indem wir unser Zusammenkommen nicht versäumen, wie es bei einigen Sitte ist, sondern einander ermuntern, und das umso mehr, je mehr ihr den Tag herannahen seht!"*

Ja, die Gemeinde muss dir etwas bringen. Wenn deine Gemeinde dich manchmal nervt, weil das Wort Gottes klar verkündigt wird und es dir manchmal zu nahe tritt, dann sag deinem Gemeindeleiter diesen Sonntag ein herzliches Dankeschön dafür! Denn diese Gemeinde bringt dir in der Tat sehr viel.

„ICH BRAUCHE KEINE GEMEINDE, GOTT IST ÜBERALL"

Eng verknüpft mit dem modernen „Was-bringt-mir-Gemeinde"-Modell ist die „Warum-brauche-ich-überhaupt-eine-Gemeinde"-Variante. „Ich kann Gott auch im Wald und auf der Wiese begegnen", wird oft hinzugefügt. Und es stimmt: Gott ist nicht auf einen bestimmten Ort beschränkt. Wir müssen nicht in einem Kirchengebäude sitzen, um mit ihm zu sprechen oder auf ihn zu hören. Gott ist überall und immer ansprechbar. Die Bibel ist außerdem in so vielen Sprachen verfügbar, dass wir, anders als früher, keinen Priester brauchen, der uns sagen muss, was überhaupt in der Bibel steht. Dieser Aspekt der Aussage ist also durchaus biblisch.

Aus Gottes Wort ist allerdings eindeutig zu erkennen, dass es keine Einzelgänger-Christen gibt und dass die tatsächliche, nicht nur virtuelle Versammlung von Gläubigen ein zentrales Merkmal des Christseins ist! In Apostelgeschichte 2,42 lesen wir über die Entstehung der Gemeinde: *„Sie verharrten aber in der Lehre der Apostel und in der Gemeinschaft, im Brechen des Brotes und in den Gebeten."* In Vers 46 heißt es: *„Täglich verharrten sie einmütig im Tempel …"* Für sie war die Aufforderung im Hebräerbrief, die Versammlungen nicht zu versäumen, klar. Ich persönlich bin froh, wenn es meinen Geschwistern in der Gemeinde auffällt, dass ich an einem Sonntag nicht kommen konnte, und sie nachfragen, ob alles in Ordnung ist.

Christsein ist ein Mannschaftssport. Wir sollen einander zur Liebe und zu guten Werken anreizen (Hebr 10,24). Das Wort Christi *„wohne reichlich"* in uns (Kol 3,16). Wir sollen einander mit Lobliedern, Psalmen und geistlichen Liedern begrüßen (Eph 5,19). Überhaupt dreht sich unser Leben als Christ um das Wort „einander". Allein sind wir angreifbarer und lassen uns schneller entmutigen. Wenn ich erschöpft und ausgelaugt zu einem Gottesdienst oder einem anderen Treffen komme, bin ich danach meistens erbaut und ermutigt – nicht mehr mit mir selbst beschäftigt. Die Gemeinde hilft mir, auf andere Gedanken zu kommen. Unsere Geschwister können uns mitziehen und mitreißen, wenn wir in eine geistliche Flaute geraten.

Deshalb kann ein Online-Gottesdienst niemals die persönlichen Treffen ersetzen. Seit den Corona-Lockdowns sind Pyjama-und-Kaffee-Gottesdienste zu Hause vor dem Bildschirm stark in die Mode gekommen. Das ist natürlich sehr verlockend; vor allem an Tagen, an denen ich zu spät aufstehe, es draußen eiskalt ist und die Kinder keine Lust haben, ihr Frühstück schnell zu essen. Für Ausnahme-Sonntage – Krankheit, Altersschwäche, Urlaub – ist Livestream ein echtes Geschenk. Ich bleibe mit meiner Gemeinde verbunden, auch wenn ich nicht leiblich anwesend sein kann. Aber trotzdem: erfüllende Beziehungen gibt es nur „live" mit Menschen aus Fleisch und Blut, von denen ich lernen kann, an denen ich mich reibe, mit deren Hilfe ich mich verändern muss, mit denen ich alt werden will!

„DU MUSST JETZT ERST MAL NACH DIR SELBST SEHEN"

Wir alle kennen wahrscheinlich die Ansage im Flugzeug vor dem Start, die auf die Sauerstoffmasken hinweist, die im Falle einer Notlandung von der Decke gelassen werden. Bevor das Kind neben mir oder die betagte Dame gegenüber gerettet werden kann, muss ich meine eigene Sauerstoffmaske überziehen. Egoistisch oder sinnvoll? Wohl eher sinnvoll, denn nur, wer selbst ausreichend versorgt ist, kann nach denen sehen, die sich selbst nicht helfen können.

Es gibt Tage, an denen das Telefon ununterbrochen klingelt, unerledigte Aufgaben sich stapeln, ich ohnehin müde und ausgelaugt bin, seit Tagen nicht richtig gebetet oder gut geschlafen habe, kurz angebunden und nahe am Wasser gebaut bin. Und wenn mein Ehemann das Pech hat, sich irgendwo in der Nähe aufzuhalten, wird der Arme Opfer meiner miesen Laune, meiner Müdigkeit und meines Frusts. Spätestens dann weiß ich: Ich muss mich aus dem Verkehr ziehen und nach mir selbst sehen, bevor ich versuche, die Welt zu retten.

Auszeiten spielen eine wichtige Rolle in der Bibel. Jesus zieht sich immer wieder zurück, um Gemeinschaft mit dem Vater zu suchen – und dabei auch zur Ruhe zu kommen. Hanna zieht sich aus der Gemeinschaft zurück, als der Schmerz ihrer Kinderlosigkeit und die ständigen Sticheleien ihrer kinderreichen Rivalin sie überwältigen (1Sam 1). Sie sucht Trost in der Nähe Gottes und kehrt gestärkt in die Gemeinschaft zurück. Auch der Prophet Elia, der nach dem dramatischen Duell auf dem Berg Karmel am Ende seiner Kräfte ist, braucht eine Zeit der Abgeschiedenheit, den Dienst von Engeln, die ihm Speise und Wasser bringen, und eine Begegnung mit dem Gott, dem er so treu gedient hat, bevor er sich – erfrischt und erholt – an die nächsten Aufgaben macht (1Kö 18–19).

Wenn der Spruch „Sieh erstmal nach dir selbst" mich dazu ermutigt, mit der Hilfe Gottes und dem Beistand fürsorglicher Freunde ein strapaziertes Herz wieder aufleben zu lassen, dann ist er immer wieder ein lebensrettender Rat, ein Schutz gegen Burn-out, ein übertriebenes Helfersyndrom und sonstige gute Absichten, die zu inneren Zwängen führen können. Gesunde Auszeiten machen uns stärker, nicht schwächer! Sie rüsten uns für das Leben mit all seinen Härten aus. Wir lassen uns neu mit Gottes Liebe füllen und erinnern unsere Seele daran, dass ihre Identität und Kraftquelle nur in ihm zu finden sind und nicht in unserem Ansehen oder in den Dingen, die wir leisten. Nicht so gesund sind dagegen Auszeiten, in denen wir uns nur um uns selbst drehen und auf uns selbst sehen, anstatt auf Jesus. „Nach sich selbst sehen" im biblischen Sinne bedeutet, von sich selbst *weg*zusehen und hin zu dem, der allein unsere müden Seelen erfrischen kann.

Denn nur, wenn wir Gottes wichtigstem Gebot – ihn mit ganzem Herzen zu lieben – nachkommen und Gottes Liebe für uns in vollen Zügen angenommen haben, können wir Gottes zweitwichtigstem Gebot nachkommen, nämlich andere zu lieben.

In diesem Sinne dürfen wir zuerst nach uns selbst sehen! Darauf achten, dass unsere persönliche Beziehung zu unserem Heiland intakt ist und oberste Priorität in unserem Leben hat – noch über unserem persönlichen Wohlbefinden! Ohne eine Offenbarung der Liebe Gottes und einen prall gefüllten Beziehungstank mit *ihm* wird das Nach-den-anderen-Sehen zum Kraftakt, zu einem Zwang, zu einem ungesunden Helfersyndrom.

„GOTT WIRD DIR ZUR RICHTIGEN ZEIT EINEN EHEPARTNER SCHENKEN"

„Halte dich rein, und Gott wird dich mit einer wunderbaren Ehe belohnen." Mit dieser christlichen Partnerschaftsphilosophie bin ich groß geworden und habe sie auch fleißig an andere weitergegeben. Ich hatte gut reden. Bei mir hat es funktioniert. Der gottesfürchtige Ehemann tauchte tatsächlich auf, und ich hatte keinen Grund, an der Zuverlässigkeit meiner Prinzipien zu zweifeln.

Im Laufe vieler Jahre Gemeindearbeit stießen mir diese – absolut gut gemeinten – Trostzusprüche immer negativer auf. Die Rechnung kann rein demografisch nicht aufgehen. Es fehlen heiratsfähige christliche Männer. Es gibt eben nicht für jede Eva einen passenden Adam.

Die Bibel tröstet uns mit vielen mutmachenden Verheißungen: dass Gott höchstpersönlich Gedanken des Friedens für uns hat, um uns Zukunft und Hoffnung zu geben (Jer 29,11); dass er uns seine Gnade und Treue nie entziehen wird (Ps 89,34); dass er uns Weisheit schenkt, wenn wir sie brauchen (Jak 1,5), wie auch Vergebung unserer Sünden (1Jo 1,9), die Frucht des Geistes (Gal 5,22) und Befreiung von Angst (Ps 34,5), um nur ein paar zu nennen. Nicht Teil der Liste ist allerdings ein Ehepartner, auch wenn die Bibel sonst einiges zum Themenkomplex Ehe/Beziehung/Sexualität zu sagen hat und davon ausgeht, dass die meisten jungen Menschen irgendwann unter der Haube sein werden.

Fakt ist, dass Gott jeden liebt, egal welchen Beziehungsstatus er gerade hat, und dass seine

Verheißungen jedem Menschen gelten, der ihm nachfolgt. Fakt ist auch, dass Paulus die Ehelosigkeit in seinem Brief an die Korinther wärmstens empfiehlt, damit man sich ganz der Sache des Herrn widmen kann. Sowohl Ehepaare als auch Singles müssen ihre Gefühle und Sehnsüchte unter die Herrschaft Jesu bringen und die Lasten ihres jeweiligen Beziehungsstatus (er)tragen. In Gottes Augen hängt die Identität einer Person nicht von ihrem Familienstand ab, sondern von ihrer Stellung in Christus.

Was also tun mit einem unerfüllten Partnerwunsch? Die Bibel ermutigt uns, mit allen Anliegen – also auch mit dem Wunsch nach einem Partner – zu Gott zu kommen und uns keine Sorgen über die Zukunft zu machen:

Seid um nichts besorgt, sondern in allem sollen durch Gebet und Flehen mit Danksagung eure Anliegen vor Gott kundwerden; und der Friede Gottes, der allen Verstand übersteigt, wird eure Herzen und eure Gedanken bewahren in Christus Jesus. (Phil 4,6.7)

Sie spricht uns zu, „*dass denen, die Gott lieben, alle Dinge zum Besten dienen*" (Röm 8,28; LUT). So können, dürfen, ja, *sollen* wir einander zusprechen, dass Gott alles in seiner Hand hält und uns seinen Frieden über unseren Beziehungsstatus schenken will – egal wie das Ende aussehen mag.

Der beste Rat, den wir Mitmenschen in schwierigen Situationen geben können, sind Verheißungen, die Gott in seinem Wort gegeben hat. Nur darauf ist felsenfest Verlass. Nur sie sind absolute Wahrheit und geben verlässliche Hoffnung. Gott sei Dank ist die Bibel voller wahrhaftiger Trostworte, die unsere Seele wirklich aufbauen, uns ermutigen und unseren oft in Schieflage geratenen Lebenshorizont wieder zurechtrücken – mehr als jede menschliche Ermutigung, jeder gutgemeinte Zuspruch das je könnte.

„HAUPTSACHE GESUND – GOTT HAT VERSPROCHEN, JEDEN, DER KRANK IST, ZU HEILEN. DURCH SEINE STRIEMEN SIND WIR GEHEILT."

Weiter geht's in der Reihe der christlich anmutenden Ratschläge, die sich gut anfühlen und anhören, aber doch genauer unter die Lupe genommen werden sollten.

Wer einen chronisch kranken Menschen in seinem Umfeld hat, weiß, wie schwer es ist, die richtigen Worte in solch einer Situation zu finden. Wie viel würde man geben, um diesem Menschen voller

Zuversicht zu sagen, dass Gott ihn bestimmt heilen will, und „alles gut wird". Wie sehr ringt man um die richtigen Worte.

Eine der Haupttätigkeiten Jesu war es in der Tat, Menschen um sich herum gesund zu machen. An einigen Stellen heißt es sogar, dass er *alle* heilte, die zu ihm kamen. Auch durch die Jünger geschahen unglaubliche Heilungen, nachdem Jesus sie ausgesandt hatte. Allein der Schatten und die Kleidungsstücke von Petrus hatten Kraft, Menschen zu heilen. Wow, oder?!

Außer in den Evangelien und der Apostelgeschichte lesen wir im Neuen Testament allerdings nichts über „garantierte" Heilungen. Paulus kämpfte offensichtlich mit einem *„Dorn für das Fleisch"* (2Kor 12,7) – welcher Art dieser Dorn auch immer gewesen sein mag. Timotheus, Paulus' enger Mitarbeiter, hatte Magenprobleme, und fast alle Apostel starben einen grausamen Tod. Es gibt unglaubliche Berichte über Gottes wunderbares Eingreifen im Leben von Menschen, die an Körper und Seele gesund wurden. Es gibt aber auch viele Menschen, die auf ein solches Wunder hoffen und es nicht erleben. Was ist mit der Rheumatikerin in meiner Gemeinde, die seit fast drei Jahrzehnten krank ist? Was mit der ALS-kranken Mutter eines Freundes?

Wenn wir Menschen zusprechen, dass Gott sie heilen wird, ermutigen wir sie, alles auf die Karte „Heilung" zu setzen. Aber Gott ist Gott, und wir wissen nicht, wann er heilt und wann nicht. Die Bibel führt uns die ganze Bandbreite an Szenarien vor Augen, die mit Leiden und Schmerzen verbunden sind. Dabei schreibt sie uns weder eindeutig vor, wie beim Thema Krankheit vorzugehen ist, noch nimmt sie den Ausgang unserer persönlichen Leidensgeschichte hier auf Erden vorweg. Wie wunderbar, dass wir einander aber in absolut jeder Lebenssituation Trost zusprechen können und uns an Paulus' Worte erinnern dürfen, die aus einer Zeit kommen, in der er selbst körperlich geplagt ist:

Lass dir an meiner Gnade genügen, denn meine Kraft wird in der Schwachheit vollkommen. Darum will ich mich am liebsten vielmehr meiner Schwachheit rühmen, damit die Kraft des Christus bei mir wohne. (2Kor 12,9)

„GEH MIT GOTT, DANN WIRD DEIN LEBEN BESSER"

Mir rutscht immer das Herz in die Hose, wenn ich eine Predigt höre, in der denjenigen ein besseres Leben in Aussicht gestellt wird, die sich für das Leben als Christ entscheiden. Dabei wissen wir: Vor

Schicksalsschlägen, Krisen, Krankheit, Streit und Tod sind auch wir als Christen nicht gefeit. Ist unser Leben als Christ wirklich besser als das eines Nichtchristen? Sind wir glücklicher? Wenn ja, in welcher Hinsicht?

„Das Motiv für eine Hinwendung zum christlichen Glauben ist entscheidend", betont einer unserer Ältesten in der Gemeinde immer wieder. Ich habe mich stets gefragt, warum eigentlich. Aber meine Beobachtung deckt sich zunehmend mit dieser Aussage: Wer sich aufgrund von Versprechungen bekehrt – ein besseres, schöneres, einfacheres Leben ohne Einsamkeit, Angst, Unsicherheit oder Existenzängste –, baut sein Glaubenshaus auf Sand. Auch wenn es bei vielen Menschen schwierige Umstände *sind*, die sie dazu bringen, Gott eine Chance in ihrem Leben zu geben, sollten es nicht diese Gründe *bleiben*, weshalb sie ein Leben mit Gott führen. Die unverdiente Erlösung von einem verdienten Todesurteil und die Befreiung von unseren Sünden, *das* sollen die Gründe sein, weswegen wir ein Leben in der Nachfolge Jesu führen. Das gilt für das Kind, das immer schon brav in die Kinderstunde gegangen ist und höchstens mal einen Stein über die Hecke zum Nachbar geschmissen hat, genauso wie für den Schwerverbrecher, der schon etliche

Menschen auf dem Gewissen hat. Verrückt und aus menschlicher Sicht auch irgendwie ungerecht, aber eben Gnade.

Nur allzu oft bedeutet das Leben in der Nachfolge Jesu, auf verschiedenen Ebenen Nachteile zu erleben; persönliche Pläne – Karriere, Finanzen, Familie – hintenanzustellen und Gottes Plänen den ersten Platz einzuräumen; Süchte und ungute Angewohnheiten aufzugeben; fleischliche Begierden zu verneinen; „Nein" zu sagen, wo alle anderen „Ja" sagen; politisch inkorrekt zu sein, wenn das Gegenteil dem Evangelium widerspricht. Ist das schöner als ein Leben ohne Gott? Schön im Sinne von bequem gewiss nicht. Es ist definitiv erlöster. Sinnstiftender, glücksbringender, befreiter und bedeutungsvoller. Und es ist es definitiv wert. Weil es wahr und richtig ist – nicht, weil es sich immer besser anfühlt.

Durch Ratschläge, die auf ein besseres, erfolgreicheres und gesünderes Leben hier auf der Erde zielen, verleiten wir Menschen, auf das Leben im Hier und Jetzt zu setzen. Sollten wir uns nicht vielmehr immer wieder gegenseitig daran erinnern, dass wir nicht für diese Welt gemacht sind und wir in der Hoffnung auf die kommende Welt leben? Dieser Trost rückt unser eigenes Leben – ob gesund oder nicht – gleich mit in ein gesundes Licht.

„GOTT GLAUBT AN DICH"

Gott ist stolz auf dich, Gott braucht dich, Gott glaubt an dich. Das waren die Worte einer wohlmeinenden Bekannten, die mich einmal ermutigen wollte. Worte, die, wie mir scheint, immer wieder locker in ein Gespräch unter Christen eingeworfen werden. Oder in Motivationsreden in modernen Gemeinden. Hmm. Da habe ich gemischte Gefühle. Will ich, dass Gott an mich glaubt? Tut er das wirklich? Steht das auch so in der Bibel? Weiß ich überhaupt, wie Gott mir gegenüber fühlt?

Ich kam ins Grübeln. Eine Sache ist vom Wort Gottes her klar: Er liebt mich. Bedingungslos, ohne Grund, unverdient, unerklärlich. *„Hierin ist die Liebe: Nicht, dass wir Gott geliebt haben, sondern dass er uns geliebt und seinen Sohn gesandt hat als eine Sühnung für unsere Sünden"* (1Jo 4,10). Ob er auf mich stolz ist? In seinem Umgang mit seinen Jüngern scheint Jesus nicht sehr auf Komplimente zu stehen. Seine Lobesworte sind knapp und auf den Punkt gebracht. *„Fleisch und Blut haben es dir nicht offenbart, sondern mein Vater, der in den Himmeln ist"*, sagt Jesus zu Petrus nach dessen klarem Christusbekenntnis (Mt 16,17). Und danach: *„Du bist Petrus, und auf diesem Felsen werde ich meine Gemeinde bauen"* (V. 18). Dieser Zuspruch steigt Petrus jedoch dermaßen zu Kopf, dass er gleich darauf eine heftige Ermahnung kassiert: *„Geh weg von mir, Satan!"* (V. 23; LUT).

„Recht so, du guter und treuer Knecht" (Mt 25,23). Jesus zeigt sich von der Treue derer beeindruckt, die bis zum Ende im Glauben ausharren. Ebenso vom römischen Hauptmann, dessen Diener geheilt wird. Oder von der heidnischen Frau, die ihm die Befreiung ihrer Tochter von Dämonen zugetraut hat.

Der Großteil von Jesu Reden sind jedoch Anweisungen, Aufforderungen, Ermahnungen, manche scharf im Ton: *„Wenn aber dein rechtes Auge dir Anstoß zur Sünde gibt, so reiß es aus"* (Mt 5,29). Wer Jesus nachfolgt, hat keine Rechte mehr auf die Sicherheiten dieser Welt. Wer ihm dienen will, muss es 100-prozentig tun. Da gibt es nichts Sentimentales, kein Anbiedern, keine Wohlfühltaktik.

Ernüchternd, aber irgendwie auch erleichternd: Er liebt mich, er starb für mich, aber nicht, weil er irgendetwas Lobenswertes an mir fand, sondern, im Gegenteil, weil er nichts fand als nur Rettungsbedürftigkeit.

Und wenn durch seine Gnade und sein heilsames, reinigendes Wirken in meinem Leben etwas Ordentliches aus mir wird, dann bin ich die Letzte, die Lorbeeren dafür ernten darf. Er bewirkt in mir seine Heiligung, er allein bekommt dafür die Ehre. Jeder Glanz, der aus meinem Leben leuchtet, ist *sein* Glanz. Wehe mir, wenn ich jemals denke, ich hätte selbst irgendetwas hervorgebracht oder er sei mir irgendetwas schuldig.

In diesem Sinne lasse ich lieber von solchen Sprüchen ab, dass Gott auf mich stolz ist oder an mich glaubt oder mich cool findet. Lieber beschäftige ich mich mit dem Gedanken, wie stolz ich auf ihn bin. Das bekommt mir besser. Das macht mich dankbar.

„BLEIB SO, WIE DU BIST!"

Die moderne christliche Welt steht auf Mutmach-Parolen, die vor allem Frauen dazu auffordern, sich selbst anzunehmen, wie sie sind, und sich mit allen Macken und Fehlern zu bejahen. Neulich ermutigte eine Referentin ihre Zuhörerinnen dazu, sich jeden Tag im Spiegel anzusehen und dreimal zu sagen: „Du bist genial! Du bist wunderschön! Bleib so wie du bist!" Natürlich ist da etwas Wichtiges dran. Vor allem in der Frauenwelt gibt es eine Epidemie an Minderwertigkeitsgefühlen. Viele Frauen, gerade aus christlichen Kreisen, kommen sich unzulänglich vor, haben das Gefühl, nicht gut genug zu sein – für Gott, für ihre Ehemänner, für ihre Gemeinde, für ihre Kinder. Und wir Deutschen sind nicht gerade Spitzenreiter darin, uns gegenseitig zu ermutigen oder Wertschätzung und Liebe zu vermitteln. Als mir neulich jemand sagte: „Bleib wie du bist!", war meine spontane, ernst gemeinte Antwort jedoch: „Auwei, bitte nicht!"

Biblisch gesehen, gibt es einen besseren Weg zum Frieden mit mir selbst, als dass ich mir anhand von Psycho-Methoden sage, wie großartig ich bin. Das hilft nicht weiter und macht alles nur noch schlimmer. Ich selbst bekomme am allermeisten mit, wie wenig großartig ich bin. Das äußere Verhalten ist manchmal schlimm genug. Die Launen, die ich nicht kontrollieren kann, die Ausraster, wenn mich jemand nervt, die Ungeduld, die Trägheit, der Egoismus … Ganz zu schweigen von den Gedanken, die nur ich kenne und mitbekomme.

Wenn ich mich im Spiegel ansehe, kommt mir ein Satz über die Lippen, der weit effektiver und lebensverändernder ist als: „Du bist toll." Ich sage zu mir: „Du bist eine Sünderin, zutiefst geschädigt, manchmal ungenießbar, verbogen und nur für eine Ewigkeit in der Hölle tauglich. Aber jetzt freigekauft, begnadigt, unendlich geliebt, zurückerobert, um von ihm gebraucht zu werden; durch seine Gerechtigkeit tauglich für den Himmel. Das Ticket ist schon gesichert." Und dann fange ich an zu strahlen, und das Lob steigt in einem Herzen auf, das auf Jesus gerichtet ist. In mir wächst ein tiefes

Bedürfnis, in seinen Wegen zu gehen, ihm ähnlich zu werden, nach seinen Anleitungen zu leben. Wenn ich dranbleibe, stehen die Chancen gut, dass ich tatsächlich eine recht angenehme Persönlichkeit werde – nicht, weil ich es mir selbst einreden muss, sondern weil Christus in mir lebt, *„die Hoffnung der Herrlichkeit"* (Kol 1,27). Ich werde in sein Ebenbild verwandelt *„von Herrlichkeit zu Herrlichkeit"* (2Kor 3,18). Der beste und schnellste Weg, uns zu finden, ist, uns zu verlieren, sagt Jesus. Der beste Weg, eine heile Persönlichkeit zu werden, ist, uns nicht allzu viel mit uns selbst zu beschäftigen.

„Denn wer sein Leben retten will, wird es verlieren; wer aber sein Leben verliert um meinetwillen, wird es finden" (Mt 16,25).

„GOTT HAT EINEN TOLLEN PLAN FÜR DEIN LEBEN"

Eine junge Frau klagte einmal: „‚Gott hat einen tollen Plan für dein Leben', wurde mir gesagt. Aber dann bekam ich nicht den Job, von dem ich meinte, er würde perfekt zu mir passen, die Beziehung zu meinem Freund ging auseinander, meine Migränen wurden noch schlimmer – was ist da so toll an Gottes Plan?"

Gottes toller Plan. Ja, natürlich hat er einen tollen Plan, aber dieser Plan muss nach *seinen,* nicht nach *unseren* Vorstellungen, definiert werden. Dass Gott uns liebt und es gut mit uns meint, dessen können wir uns sicher sein. Er hat uns mit Jesus schon das beste und größte Geschenk gegeben, das wir uns vorstellen können. Gott segnet uns auch ganz praktisch mit guten Dingen. In Matthäus 7,11 lesen wir: *„Wenn nun ihr, die ihr böse seid, euren Kindern gute Gaben zu geben wisst, wie viel mehr wird euer Vater, der in den Himmeln ist, Gutes geben denen, die ihn bitten!"* Es kommt aber nach dem „Ja" auch ein „Aber", denn Gottes toller Plan entspricht nicht immer unseren Vorstellungen. Nicht deshalb, weil Gott uns Gutes vorenthalten will oder Christen prinzipiell ein hartes Leben haben sollten, sondern weil sich das Leben als Christ nicht darum dreht, wie wir hier auf der Erde möglichst erfüllt und wunschlos glücklich sein können. *„Trachtet aber zuerst nach dem Reich Gottes und nach seiner Gerechtigkeit!"*, heißt es in Matthäus 6,33. Bestimmt hat jeder von uns schon erlebt, dass eine Lebensplanung anders verlief als erhofft und ein Wunsch nicht in Erfüllung ging. Alle anderen sind schwanger, aber bei dem einen Ehepaar, das ein so tolles Elternpaar geben würde, will sich keine Schwangerschaft ergeben. Die beste Freundin heiratet die Liebe ihres Lebens, aber die andere bleibt Single, obwohl sie so gern verheiratet wäre. Ist Gottes Plan für unser Leben immer noch gut, wenn er innige Sehnsüchte nicht erfüllt? Diene ich Gott weiterhin mit ganzem Herzen und ganzer Seele? Wenn wir nach ihm und seinem Plan trachten, dann werden die Dinge dieser Welt uns nicht mehr ganz so wichtig. In Christus haben wir alles, was wir brauchen, in ihm sind wir vollständig, in ihm ist uns nichts vorenthalten, weil wir von der Ewigkeit her leben – mit der Aussicht auf den Himmel, die tief in unseren Herzen verankert ist. Spätestens dort wird alles gut: *„Und er wird jede Träne von ihren Augen abwischen, und der Tod wird nicht mehr sein, noch Trauer noch Geschrei noch Schmerz wird mehr sein"* (Offb 21,4). Wir können unsere Lebenspläne getrost in Gottes Hände geben und ihm vertrauen, dass er den besten Plan hat, auch wenn wir es nicht immer erkennen. In diesem Sinne: Ja, er hat einen tollen Plan für unser Leben!

„DER HERR HAT MIR GESAGT ..."

„Ich höre nur auf den Heiligen Geist, ich nehme keinen Rat von Menschen an!" So lautete die Antwort, als ein junger Mann einmal gebeten wurde, nicht immer so aufbrausend zu sein und aus der Haut zu fahren, wenn ihm etwas nicht passte.

Das war die klassische Krankheit charismatischer Christen, vor allem in der Anfangszeit der charismatischen Bewegung. Die Dinge, die der Heilige Geist manchen Leuten vermeintlich „zeigte", die sich so aber nicht in der Bibel wiederfinden lassen, fand ich interessant und oftmals lustig. Zufällig sind es oft gerade die Dinge, die ein bequemes Leben ermöglichen, keine Buße erfordern oder den eigenen Wünschen entsprechen. „Ich lasse mich erst dann taufen, wenn der Herr es mir zeigt", hören wir oft. Mein Mann gibt immer die gleiche Antwort: „Er hat es dir schon gezeigt – und zwar in seinem Wort!" Die Bibel ist das vollständige Wort Gottes. Nichts fehlt oder muss hinzugefügt werden. Natürlich kann Gott uns auch persönlich ansprechen und Impulse für unser Leben geben. Zum Beispiel für große Entscheidungen, aber auch für unseren Alltag. Ich erlebe z. B. oft, wie der Heilige Geist mir Menschen aufs Herz legt, die einen Anruf oder eine Nachricht brauchen. Dabei müssen wir aber aufpassen, dass wir nicht nur das „hören", was uns gefällt. Wenn es uns nicht gefällt (weil wir uns beispielsweise bei jemandem entschuldigen oder einen Haufen Geld in die Mission geben sollen), könnten wir eher davon ausgehen, dass es von Gott ist! Auf jeden Fall muss alles, was wir zu hören meinen, mit dem übereinstimmen, was in der Bibel steht. Der Heilige Geist gibt keine Anweisungen, die im Widerspruch zu Gottes Wort stehen. Je mehr wir uns in der Bibel auskennen, desto leichter wird uns das fallen. Deshalb möchte ich uns ermutigen, uns viel mit Gottes Wort zu beschäftigen! Wir müssen uns nicht auf unser Herz oder unsere Gefühle verlassen, die uns regelmäßig betrügen. Wir können fest auf der Bibel stehen und auf dieser Grundlage Entscheidungen treffen und sicher sein, dass es tatsächlich Gott war, der durch seinen Geist zu uns gesprochen hat. *„Prüft alles."* Große Entscheidungen sollen wir auch mit geistlichen Leitern oder erfahrenen und reifen Vorbildern besprechen, um Rat einzuholen und uns einem Realitätscheck zu unterziehen. Das hat manch einen Christen schon vor unklugen Entscheidungen bewahrt.

„UND WENN MIR NICHT DANACH IST? MAN MUSS DOCH AUTHENTISCH UND EHRLICH SEIN!"

„Wir haben keine Lust auf Mathe", begrüßte mich einmal eine aufmüpfige Truppe von Drittklässlern, als ich die Mathe-Kollegin vertreten sollte, die krank war. „Ich auch nicht!", schoss ich spontan zurück. Das war keine Lüge. Das Letzte, worauf ich Lust hatte, war, völlig unvorbereitet mit Drittklässlern rechte Winkel zu messen.

„Ich habe keine Lust …" Diesen Spruch habe ich mir oft anhören müssen, vermutlich weil ich als Lehrerin und auch in der Gemeindearbeit viel mit jungen Leuten zu tun hatte. Es ist die Standardantwort bei Jugendlichen, die nicht das machen wollen, was sie sollen. Und das wird dann auch noch als Tugend verkauft – auch bzw. *gerade* von Christen. „Wir müssen zu uns stehen, ehrlich/authentisch sein, nichts vormachen, das nicht echt ist."

Was wäre, wenn wir in allen Lebensbereichen so leben würden? An einem eiskalten Wintermorgen habe ich persönlich nur zu einer Sache Lust: In den warmen Federn zu bleiben und so lange wie möglich meine Ruhe zu haben. Das Letzte, wozu ich Lust habe, ist aufzustehen, mich für den Tag zu richten, raus ins kalte Auto zu steigen, das ich vielleicht auch noch von Eis freikratzen muss, und in die Schule oder zu einer Veranstaltung zu fahren. Es gibt vieles, wozu ich mich mit einem Kraftakt aufraffen muss: Mit fremden Menschen Smalltalk machen. An ein Mikro treten und einen Vortrag halten. Mich hinsetzen und Gedanken formulieren. Und wenn ich schon beim Thema bin: Aufräumen, Abspülen, Fenster putzen, Bügeln … Gibt es überhaupt etwas, wozu ich Lust habe, was ganz von allein läuft, ohne dass ich mich dazu aufraffen muss? Kaffee trinken vielleicht. Schokolade essen. Träge im Internet herumsurfen.

Auch wenn ich Jesus mein Leben hingegeben habe, auch wenn ich zuerst nach dem Reich Gottes trachten will und beschlossen habe, dass der Wille Gottes oberste Priorität in meinem Leben haben soll, will mein alter Mensch, mein Fleisch, ein kräftiges Wort mitreden, und das sagt leider: „Ach, keine Lust. Was bringt es?"

Es beruhigt mich, dass sogar der große Paulus mit diesem Phänomen zu kämpfen hatte. Er schreibt von einem Ringen in seinem Inneren: *„Das Wollen ist bei mir vorhanden, aber das Vollbringen des Guten nicht"* (Röm 7,18). Die Lösung: *„Werdet verwandelt durch die Erneuerung des Sinnes"* (Röm 12,2).

Das Leben im Gehorsam bedeutet, dass ich etwas mache, weil es richtig ist, weil mein Leben einem anderen und nicht mehr mir selbst gehört. Das ist nicht unehrlich oder heuchlerisch, es ist schlichter Gehorsam. Ich gehöre nicht mehr mir selbst. Paulus greift den gleichen Gedanken in Galater 5,24 und Römer 6,16 auf. Wenn ich konsequent mit Gott gehe, dann gewinnt der Geist Gottes nach und nach die Lufthoheit über meine Seele, und die Antriebslosigkeit muss sich fügen. Auch die alte, sündhafte Seele hat etwas davon, dass ich sie in die Schranken weise. Auch sie ist erfüllter und fröhlicher nach einem Tag im Einsatz für den Herrn, als wenn sie stundenlang mit Schlaf, Unterhaltung und Schokolade gefüttert wird. Und wenn sie gelernt hat, ihre Kräfte für Jesus und sein Reich einzusetzen und ihre eigenen Gelüste und Launen nicht allzu ernst zu nehmen, dann wird sie sich umso mehr über Zeiten der Ruhe freuen, die der Herr schenkt. Jesus hat seinen Jüngern ganz schön viel körperlichen und seelischen Stress zugemutet und sie nicht bemitleidet, als sie über Müdigkeit klagten. Einmal gibt er ihnen nach einem anstrengenden Tag noch mehr Arbeit (Mt 14,16). Ein anderes Mal sagt er zu ihnen: *„Kommt, ihr selbst allein … und ruht ein wenig aus"* (Mk 6,31). Er weiß, was wir wirklich brauchen!

„GNADE DECKT ALLES ZU"

„Nein, ich bin nicht fehlerfrei, ich werde es nie werden … Aber ich bin geliebt, und das deckt meine Fehler und Ungerechtigkeiten zu, als wären sie nie da gewesen."

Warum dachte ich „Ja, aber …", als ich diesen Satz neulich auf Facebook las? Vielleicht weil ich mich an einen jungen Mann erinnerte. Nennen wir ihn mal Eric. Er sagte etwas Ähnliches.

Er wollte sich unserer Gemeinde anschließen und hatte Ambitionen, Prediger zu werden. Mit seiner hübschen Ehefrau an der Seite erzählte er unbekümmert, dass sie seine zweite Frau sei. Der Heilige Geist habe ihm gezeigt, dass die erste die falsche war; nun habe er die richtige. Durch Gottes Gnade sei es, als ob der Fehler nie passiert wäre. Ich fragte mich, ob seine erste Frau das auch so sieht. Danach zitierte Eric eine Reihe von Bibelversen, die ihn seines Erachtens eindeutig von jeder Schuld befreiten: *„Also gibt es jetzt keine Verdammnis für die, die in Christus Jesus sind"* (Röm 8,1). Nichts kann uns *„scheiden von der Liebe Gottes"* (Röm 8,39). *„Gottes Gaben und Berufung können ihn nicht gereuen"* (Röm 11,29; Lut). Einmal gerettet, immer gerettet – *„niemand kann uns aus der Hand meines Vaters rauben"* (Joh 10,29). *„Ihr seid zur Freiheit berufen worden"* (Gal 5,13). *„Wo aber der Geist des Herrn ist, ist Freiheit"* (2Kor 3,17).

Eines stand fest: Er kannte seine Bibel. Ausgewählte Teile davon zumindest. Eric ist nicht der Erste und wird auch nicht der Letzte sein, der diese Verse gern aus dem Zusammenhang reißt, um das eigene Fehlverhalten zu verharmlosen. Paulus macht in seinem Brief an die Römer klar, dass wir in der Tat in Christus frei sind. Frei von den Zwängen unseres Fleisches, frei von dem Drang, sündigen zu wollen und zu müssen – frei von genau jener Arroganz und Unbeständigkeit, von der Eric so offensichtlich getrieben war. Diese Freiheit soll nie als Anlass für Egoismus missbraucht werden, mahnt Paulus: *„Was sollen wir nun sagen? Sollen wir in der Sünde verharren, damit die Gnade zunehme?"* (Röm 6,1). Die Freiheit von Verdammnis soll die Furcht des Herrn in uns wecken, und eine Sehnsucht nach Heiligkeit sowie nach einem konsequenten Leben in der Nachfolge Jesu. Eine tiefe Betroffenheit für die Verletzungen, die wir anderen zugefügt haben. Freiheit in Christus ist Freiheit von uns selbst! Wir sind nicht mehr den zerstörerischen Zwängen unterworfen, die uns in den Abgrund treiben. *„Denn Gott ist's, der in euch wirkt beides, das Wollen und das Vollbringen, nach seinem Wohlgefallen"* (Phil 2,13). Wenn wir sündigen, können wir umkehren und Gott um Vergebung bitten (1Jo 1,9) – einen Neustart machen. Das ist Freiheit!

Zurück zu Eric. Er wurde nicht Prediger, sondern Finanzmakler. Es überraschte uns nicht, als wir erfuhren, dass er seit unserer Begegnung damals nun zum vierten Mal geheiratet hat. Der Herr hat ihm wohl immer wieder eine neue Frau „gezeigt", sobald die aktuelle ihn gelangweilt hat. Ob er das immer noch als Freiheit in Christus empfindet?

Ich bin dankbar für eine echte, bleibende Freiheit in Christus – Vergebung für vergangene Schuld, eine freudige Heiligung in der Gegenwart und Hoffnung für die Zukunft!

„BEGINNEN SIE HEUTE IHR BESTES LEBEN!"

... so lautet ins Deutsche übersetzt tatsächlich der Titel eines christlichen Bestsellers aus Amerika. Der Autor will Christen ermutigen, mit Gottes Hilfe ein Leben auf der Überholspur zu führen und als Kinder des Königs die Reichtümer in Anspruch zu nehmen, die ihnen kraft ihres königlichen Standes zustehen. Der Pastor, der dieses Buch geschrieben hat, geht mit gutem Beispiel voran und stellt sein Luxusleben gern zur Schau als Beweis für die Wirksamkeit der Prinzipien, die er verkündet. Ein Blick in christliche Buchhandlungen zeigt, wie sehr auch wir Christen mit der Suche nach Glück im Diesseits beschäftigt sind – wie man erfolgreich wird, drei Schlüssel zu diesem, vier Schritte zu jenem ...

„Diese Gemeinde ist mir zu uncool. Ich will meinen Freunden zeigen, dass das Evangelium was zu bieten hat. Ich will ihnen Gemeindemitglieder vorstellen, die nicht peinlich sind, sie zu Gottesdiensten einladen, die den Geschmack moderner Aufsteiger treffen. Ich will dahin, wo was los ist." Diese Worte bekamen die Ältesten unserer Gemeinde in ihrem Dienstleben in verschiedenen Varianten Dutzende Male zu hören. Sie kamen aus dem Munde von Menschen, die ihr „bestes Leben" erreichen wollten und passend dazu eine vorzeigbare Gemeinde suchten. Das konnten wir zu keiner Zeit bieten und haben gelernt, die Forderungen von religiösen „Kunden" auf der Suche nach ihrem „besten Leben" mit wohlwollendem Humor zu ertragen, oder ihnen Gemeinden zu empfehlen, die ihren Ansprüchen besser gerecht werden können als wir.

Nicht, dass es dieses „beste Leben" nicht geben würde. Jesus versteht unsere Sehnsucht nach einem guten Leben wie kein anderer, und er geht in seinen Predigten sogar oft darauf ein. Er betont allerdings, was wir alle tief in unserem Inneren wissen: dass die Güter dieser Welt diese Sehnsucht nicht erfüllen können. Ein Mensch kann alle Luxusvillen und -autos, Privatflugzeuge und lukrative Beziehungen dieser Welt haben und erst recht in eine tiefe Depression fallen. Die Skandale um Jeffrey Epstein und Gislaine Maxwell, millionenschwere Prominente, sorgten für Schlagzeilen. Beide haben jahrelang junge Mädchen als Sexsklavinnen auf ihre Privatinsel gelockt. Zu viel Geld und v. a. die Liebe dazu macht etwas mit Menschen; es frisst die Seele, tötet die Empathie (1Tim 6,10). Eines wird man dadurch nicht: glücklich. Jesus dagegen bietet ein „Leben in Überfluss" an (Joh 10,10). Immer wieder spricht die Bibel von einer Lebensfreude, die nicht mit Geld zu bezahlen ist. Bereits in den Psalmen Davids wird dieses „beste Leben" in zahlreichen herrlichen Liedern ausführlich dargestellt. Psalm 16,11 fasst dies treffend zusammen: *„Fülle von Freuden ist vor deinem Angesicht."*

Wer dieses himmlische Glück schon hier auf Erden ergreift, kann den Verlockungen dieser Welt eine klare Absage erteilen. Deshalb sollen wir viel in der Bibel lesen – nicht um Gott einen Gefallen zu tun, sondern um uns selbst einen Gefallen zu tun. Denn dadurch wecken wir einen inneren Appetit nach dem bleibenden Glück, das nur in Gott zu finden ist!

„TRÄUME MIT GOTT ZUSAMMEN"

„Träume mit Gott zusammen", hat jemand einmal zu mir gesagt. Es war gut gemeint, wie so viele der Sprüche, die Christen – mich eingeschlossen – von sich geben, ohne viel zu überlegen, was das wirklich bedeutet. Gott kennt meine Träume, hieß es einmal, er nimmt sie ernst, er träumt mit mir zusammen, er will sie in Erfüllung bringen. Ich hatte meine Zweifel. Meine Träume sind nicht gerade Poesie, die meine Seele zum Fliegen bringt. Auch geht es darin nicht um Heldentaten, mit denen ich die Welt retten werde. Sie sind ziemlich banal, belanglos und ich-zentriert. Das erinnert mich an Josef, den Sohn Jakobs. Er brachte es fertig, stundenlang verträumt durch die Gegend zu schlendern, mit inneren Fantasiewelten beschäftigt. Die Geschichte finden wir in 1. Mose 37. Vielleicht war er fasziniert von seiner eigenen Coolness und fieberte einer Laufbahn von Glamour und Macht entgegen. Ob er seinen Brüdern wohl mit herablassendem Gehabe begegnete? Die Ironie an der Sache ist, dass er tatsächlich mit Gott zusammen träumte, denn diese Träume kamen ja von Gott. Aber wenn seine Brüder deshalb so aufgebracht waren, weil er ihnen seine Träume mit haarsträubender Arroganz kundtat und Gottes Gedanken so in einen Egotrip verwandelte, hat er vielleicht doch nicht „mit Gott zusammen geträumt". Er war tatsächlich zu Amt und Würde berufen. Aber nicht, um Beifall und Bewunderung für sich zu ernten, sondern um eine ganze Bevölkerung vor einem grausamen Hungertod zu retten. Die Träume und Fantasien, die durch unsere Seele treiben, sind nicht an sich verwerflich, sie können sogar von Gott inspiriert sein. Sie müssen nur geheiligt, geläutert werden: vom Kreuz Christi berührt, von egoistischen Motiven befreit. Genau das passiert bei Josef, als er im Gefängnis des Pharao landet. Schon längst ist keine Rede mehr von Garben, die sich vor seiner Garbe beugen, und von Mond und Sternen, die sich vor ihm, der Sonne, verneigen. Stattdessen kümmert sich Josef um die Träume anderer – nämlich die des Mundschenks, des Bäckers und schließlich sogar um die des Pharao. Und genau das ist ein Weg in die Erfüllung seiner von Gott gegebenen Träume. „Träume mit Gott zusammen." – Ja, aber lass dir bewusst sein, dass dies keine sentimentale Übung ist, die deine Eitelkeit streichelt. Irgendwo auf der Reise wirst du einem Kreuz begegnen, an dem auch der letzte Rest von Eigenliebe und Ehrgeiz in deiner Seele sterben muss, und das du täglich auf dich nehmen musst. Mit Gott zusammen zu träumen, wird dich dein Leben kosten. Deine Träume verschmelzen mit Gottes Träumen. Wie bei Josef. Wir sollen Gott unsere Träume auf jeden Fall geben. Damit er sie läutert, reinigt und von egoistischen Motiven befreit. Dann kann er mit diesen Träumen Großes bewirken zur Rettung von Menschen!

„WENN DU GEISTLICH BIST UND ALLES RICHTIG MACHST, WERDEN DEINE KINDER GUT GERATEN"

„Wenn du geistlich und heilig genug bist, werden deine Kinder gut geraten." Diesen Spruch habe ich immer wieder gehört, und zu meiner Beschämung auch anderen weitergesagt ... bis ich selbst Kinder hatte. Einer der weniger hilfreichen Sprüche, die mein geliebter Vater mir mit auf den Weg gegeben hat, war: „Pastorenkinder haben eine doppelte Portion Ursünde von Adam und Eva geerbt." Das war die feine englische Redewendung für: „Pfarrers Kinder, Müllers Vieh, geraten selten oder nie." – Danke, Papa, für die Ermutigung.

Lachen konnte ich nicht immer darüber. Die Abteilung mit Familienratgebern in unserer christlichen Buchhandlung gab mir immer den Rest, vor allem wenn ich mal wieder den ganzen Vormittag für eine vierfache kleine Affenbande Dompteuse, Taxifahrerin, Köchin, Reinigungsdame, Trainerin und Hausaufgabenbetreuerin gespielt hatte. Allzu viel Zeit für Geistlichkeit blieb da nicht übrig, und heilig kam ich mir schon gar nicht vor. Einmal beschrieb ich meine Empfindungen so:

Strahlende Mütter mit makelloser Haut, leuchtenden Augen, einer durchtrainierten Figur. Die fröhliche Kinderschar um sie herum, die kaum jünger aussah als die Mutter selbst. Der treusorgende, sauber rasierte Ehemann, der im Hintergrund lieblich lächelte. Ich musste tief seufzen beim Anblick dieser Schriften zum Thema

‚Familie'. Diese idyllische Gruppe gab es in allen Varianten: auf Fahrrädern durch die Wälder schwebend, vor einer Picknickkulisse am See. Mit strahlenden Augen am Kamin, während Papa aus der Bibel vorliest. Sauber gekämmt und mit Bibeln unter dem Arm auf dem Weg in den Gottesdienst. Nie dabei in dieser Liga der geistlichen Supermuttis mit ihren perfekt gestylten Kindern: eine Rotznase, ein zeterndes Baby oder eine Mutti mit Panik in ihrem Blick und tiefen dunklen Ringen unter den Augen. Ein Papa, der fieberhaft versucht, die Lohnsteuerabrechnung pünktlich fertig zu machen.[6]

Irgendwann legte ich die vierfarbigen Broschüren der Musterfamilie zur Seite und bat Jesus um seine Hilfe mitten im unheiligen Chaos. Wie gut, dass Jesus nicht wartete, bis ich aufgeräumt hatte, bevor er mein Leben und meine Familie berührte, sondern direkt in das Chaos hineinmarschierte. Ich machte mit allen Versuchen Schluss, aus meinen Kindern Paradehengste der gelungen Frömmigkeit zu machen. Ich hörte auf, mir einzureden, ich könnte wie in einem Rezeptbuch durch Schritt 1, 2 und 3 durcharbeiten, und es würden perfekte Kinder aus dem Ofen herauskommen. Schwarz-weiß-grau, matt, unaufgeräumt, Duplo-Steine überall verstreut, klebrige Spuren von Marmelade unter den Stühlen, Krümel überall. Gerade dort lehrte Gott uns seine Wege. Es geht nicht darum, dass ich oder meine Kinder viel wissen, können, leisten, vorzeigen, sondern darum, dass wir gemeinsam mit Gottes Hilfe lernen, mit dem Leben klarzukommen, so wie es wirklich ist, auch mit seinen schlaflosen Nächten, Enttäuschungen und Rückschlägen.

„DU BIST GENUG"

„Du bist genug." Ein Satz, der gefühlt bei keinem Frauenabend fehlen darf. *Genug* wozu oder für wen?

Letztes Frühjahr kursierte im Internet ein Interview, das eine Megachurch mit einem frisch bekehrten Star-Model geführt hatte. Die 23-Jährige erklärte, wie es sie überwältige, dass sie für Gott genug sei, allein dadurch, dass sie atme und existiere und er sie erschaffen habe. Das klingt doch nach einer ermutigenden Botschaft, zumal viele Christen Probleme haben, sich selbst anzunehmen. Aber tatsächlich handelt es sich hierbei um eine hübsch verpackte Form von Selbstverherrlichung und damit um einen irreführenden, unbiblischen Trostzuspruch.

Natürlich meinte diese junge Frau, dass sie von Gottes Liebe und Annahme uns Menschen gegenüber überwältigt sei. Und dass sie durch ihn eine Selbstannahme erleben durfte, die sie aus ihrem Leben ohne Gott nicht kannte. Das ist absolut herrlich! Klar ist aber auch, dass die Aussage: „Wir sind *genug* allein dadurch, dass Gott uns erschaffen hat", so nicht stimmt. In der Bibel lesen wir:

> *Auch ihr wart tot durch eure Übertretungen und Sünden, in denen ihr früher gewandelt seid nach der Art dieser Welt, unter dem Mächtigen, der in der Luft herrscht, nämlich dem Geist, der zu dieser Zeit am Werk ist in den Kindern des Ungehorsams. (Eph 2,1-2, LUT)*

Das heißt doch: Ohne Gottes Vergebung und Liebe sind wir nicht genug, und können es niemals sein. Sondern wir sind dem Zorn Gottes ausgeliefert (V. 3) und sind wie „tot"! Jesus Christus musste für unsere Schuld – für unser „*Un*genügend" – grausam sterben!

Als Kinder Gottes dürfen wir wissen, dass Jesu Blut uns vor Gott qualifiziert. Erst damit sind wir „genug" – das ist die gute Botschaft. Diese Gewissheit treibt uns an, uns weiter von ihm heiligen und schleifen zu lassen und in konsequenter Nachfolge zu leben. Uns selbst oder uns gegenseitig das Mantra zuzusprechen, dass wir genug seien, führt in den Sumpf weiterer Probleme. Damit sind und bleiben wir nichts als große Betrüger.

Ist es nicht viel befreiender, einen realistischen Blick auf uns selbst zu haben? Dann können wir aus Jesu bedingungsloser, treuer Liebe leben statt aus einem selbst zugesprochenen und äußerst kurzlebigen Motivationsschub. In einem alten Lied heißt es: „Amazing Grace, how sweet the sound that saved a wretch like me." – „Unglaubliche Gnade, wie süß dieser Klang, der einen Schurken wie mich gerettet hat." Diese Zeile trifft den Kern des Evangeliums immer noch wunderbar. Es ist in Ordnung, dass wir uns lieber an Jesus hängen, der in jeder Hinsicht „genug" war, weil wir *nicht* genug sind!

„FROMMER AKTIVISMUS IST SCHÄDLICH"

„Sind all eure Gemeindemitglieder so aktiv?", bemerkte ein Hochzeitsgast mit einem Naserümpfen, als er das fröhliche Treiben beim Empfang nach einem Traugottesdienst begutachtete. Das sei hier reiner Aktivismus, beschloss er. „Gefährlich. Alle burnoutgefährdet."

Ein lautes Lachen herrschte gerade in der Küche, wo einige der burnoutgefährdeten Freiwilligen Torten schnitten und Witze teilten. Der kritische Beobachter sah, ehrlich gesagt, viel burnoutgefährdeter aus als die Gemeindemitglieder, die er kritisierte, und die gerade dafür sorgten, dass der Hochzeitsempfang ein fröhliches Fest war.

„Treib es nur nicht zu weit mit deinem Engagement im Reich Gottes", bekomme ich immer wieder zu hören. Wie viele andere der flotten Sprüche, die wir in diesem Buch unter die Lupe nehmen, ist es auch bei diesem schwierig, auf Anhieb „Ja" oder „Nein" zu sagen. „Frommer Aktivismus ist schädlich." Burn-out können wir natürlich nicht unter den Teppich kehren oder wegreden. Besonders häufig ist er unter Missionaren, vollzeitlichen Predigern und Gemeindeleitern. Es gibt Menschen, denen man klar sagen muss: „Fahr alles runter, nimm eine Auszeit, verbring schöne Tage mit deiner Familie und deinen Hobbys, tank wieder auf!"

Ich selbst erlebe immer wieder Zeiten, in denen ich bewusst von allen geistlichen Aktivitäten Abstand nehmen muss. Nicht, weil ich Jesus nicht mehr liebe, sondern gerade weil ich ihn liebe und meine Arbeit für ihn nie wichtiger werden darf als meine Liebe zu ihm. Nur wenn ich für *ihn* brenne (und nicht für meine Dienste), bin ich davor geschützt, auszubrennen. Manchmal ist es schwierig, die zwei Dinge auseinanderzuhalten. Jesus ist für uns ein Vorbild: Er führt seine Freunde immer wieder an abgelegene Orte, um mit ihnen

Gemeinschaft zu haben und sich mit ihnen auszuruhen. Er zieht sich regelmäßig allein zurück, um zu beten.

Hingabe an Jesus bedeutet, Zeiten an der Kraftquelle zu erleben, Gott in seinem Wort zu suchen – um seinetwillen, und nicht nur, um neue Ideen für Andachten oder Predigten oder Artikel zu finden. Gerade das ist die Kraft, die uns vor falschem Aktivismus bewahrt. Helden und Heldinnen der Bibel und der Kirchengeschichte waren in erster Linie solche, die Gott lieb hatten. Diese von Gott gewirkte Liebe – nicht ihre Talente, Berufungen, Projekte – brachte letztlich die Kraft zum Durchhalten. Die ersten Missionare in Nigeria, dem Land, in dem ich aufgewachsen bin, packten ihre Sachen für die Reise in einen Sarg – so hoch war die Wahrscheinlichkeit, dass sie ihre Berufung mit ihrem Leben bezahlen würden. Nur 20 Prozent der ersten Generation dieser tapferen Dienerinnen und Diener Gottes haben ihren Aufenthalt in Afrika überlebt. Ganz zu schweigen von den vielen verfolgten Christen in unserer heutigen Zeit, die nie auf die Idee kommen würden, dass Arbeit und Opfer für den Herrn sie zu sehr erschöpfen könnten und nur in Maßen zumutbar seien. Gern provoziere ich junge Menschen mit der Behauptung: „Du darfst müde werden im

Werk des Herrn!", oder: „Es darf dich was kosten!" Warum zucken wir nicht einmal mit der Wimper, bevor wir eine lange Urlaubsreise planen und Geld und Zeit dafür investieren … Aber lange für den Herrn unterwegs zu sein, ist zu viel? Aktivismus? Lieber nicht! Dabei ist ein Brennen für Jesus, das uns mit Kraft und Eifer füllt, sein Werk zu tun, das Beste, was uns passieren kann!

„JEDER CHRIST MUSS IN DIE SEELSORGE GEHEN"

„Wie sieht euer Seelsorgeprogramm aus?", lautete einmal die erste Frage einer Gottesdienstbesucherin. Seelsorge war eines von vielen Themen, die wir im Zuge einer Gemeindekrise geprüft und neu durchdacht hatten. Es kostete Mut, ehrlich zuzugeben, dass wir dieses Wort nicht in der Bibel finden. Das hat mein Mann dieser Frau liebevoll erklärt. Sorge um Seelen gibt es sehr wohl in der Bibel, vom Anfang bis zum Ende ist es das wichtigste Thema der Schriften. Es muss aber auch biblisch definiert werden. Eine umsorgte Seele ist eine, die unter die Herrschaft Jesu gekommen ist und auf seinen Wegen nach und nach heil und gesund wird. Nicht dadurch, dass sie um sich selbst kreist und nur mit ihrer Gesundung beschäftigt ist, sondern dadurch, dass sie lernt, eben nicht mit sich selbst beschäftigt zu sein, sondern dem Herrn und ihren Mitmenschen zu dienen.

Die christliche Szene ist durchdrungen von Gedankengut, das mehr von der humanistischen Psychologie inspiriert ist als von der Bibel. Diese Überbetonung ergab sich vermutlich, weil viele Christen in unserem Land in strengen, autoritären Gemeinden groß geworden sind, in denen Gefühle nicht gezeigt werden durften und Probleme unter den Teppich gekehrt wurden. Das Image musste stimmen, die Fassade aufrechterhalten werden. Auch diese Haltung finden wir nicht in der Bibel. Wie wir schon gesehen haben, haben sich die ersten Jünger rührend um ihre Schafe gekümmert – mit Leidenschaft, mit spürbarer Fürsorge, mit Ermahnungen, Ermutigungen, hochgradig persönlich und vertraut. Das ist biblische Seelsorge! Menschen und ihre Nöte ernst nehmen, sie aber auf dem Weg der Freiheit begleiten und ermutigen. In diesem Sinne sollte tatsächlich jeder Christ „in die Seelsorge gehen" – mit dem Ziel, nach dem Ebenbild Christi verwandelt zu werden, frei und gesund, um Gottes Reich zu bauen und anderen zu helfen, ebenso frei und gesund zu werden!

„MISSION IST ETWAS FÜR DIE GESCHULTEN PROFIS"

Es gibt *ein* Thema, bei dem ich früher immer gehofft habe, dass der Aufruf dazu schnell vorbei ist. Dass dieser Kelch an mir vorübergeht und die besonders geistlichen Fachleute ihre Dienste schnell anbieten, damit wir anderen unsere Ruhe haben. Es war das Thema Mission und Evangelisation. „Das ist gar nicht mein Ding", höre ich mich selbst sagen, während sich alles in mir gegen den Gedanken sträubt, Missionar zu sein. Bilder von religiösen Eiferern schießen mir durch den Kopf, die mit Traktaten in der Hand gierig nach ihrem nächsten Opfer Ausschau halten, bereit für die missionarische Offensive. Hinzu kommt, dass ich im Formulieren von Argumenten nicht gerade schlagfertig bin und meine Freunde, die Gott für tot erklären, im Argumentieren flinker sind und auf den ersten Blick überzeugender wirken. Ich möchte doch nicht als Sektenspinnerin angesehen werden. Lieber sollen diejenigen die Aufgabe übernehmen, die für solche Aktionen resolut oder geistlich genug sind.

Die ersten Jünger hatten eine ganz andere Einstellung. *„Es ist uns unmöglich, von dem, was wir gesehen und gehört haben, nicht zu reden"* (Apg 4,20), sagen Petrus und Johannes, als sie für die Verkündigung der Auferstehung verhaftet und vor den Hohen Rat gebracht werden. Die Bibel setzt voraus, dass jeder Christ ein Zeuge, ein Missionar ist. Es gibt keine Ausnahmen für die Feiglinge unter uns. Eine liebe Freundin sagte es einmal ungefähr so: „Es ist einfach: Wir alle haben jeden Tag einen Sack voller Saatgut in der Hand. Unsere einzige Aufgabe für den Tag ist es, dieses Saatgut in die Landschaft auszuwerfen. Der Sack muss am Ende des Tages leer sein. Die Saat sind deine Begabungen, Talente, Fähigkeiten, deine Worte, dein Lächeln, deine Hilfsangebote. Alles, was du im Auftrag des Herrn an diesem Tag unternimmst. Mach dir keine Sorgen, was aus der Saat wird. Überlasse das der Sonne und der Erde, lass sie ihre Arbeit tun."

Ja, jeder Christ ist ein Missionar!

WENN DAS PRÜFEN
SCHWIERIG WIRD

6

TRIAL AND ERROR ALS WEG DES PRÜFENS

Leider funktioniert sie nicht immer per Knopfdruck, diese Sache mit dem Prüfen. Die Bibel wäre nicht so ein dickes Buch, hätten ihre Heldinnen und Helden nicht genau dieses Problem gehabt und sich in Situationen befunden, in denen sie unter großer Spannung um ein richtiges Urteil ringen mussten. Wie schön wäre es, wenn Gott uns in den Zerreißproben des Lebens mit klar vernehmbarer Stimme aus den Wolken sagen würde, wie wir uns zu verhalten haben; welche Entscheidung die richtige ist. Paulus und Barnabas kommen zu keinem einheitlichen Ergebnis, als sie sich darüber streiten, ob Johannes Markus mit ihnen reisen soll oder nicht (Apg 15,35). Ihre Wege trennen sich schließlich. Der Rat *„Prüft alles und behaltet das Gute"* hätte in dieser Situation nichts gebracht.

Ähnlich turbulent, aber mit einem besseren Ergebnis, ging es bei der ersten Bekehrungswelle der Heiden zu, als unterschiedliche Meinungen darüber laut wurden, welche Teile des altjüdischen zeremoniellen Gesetzes von den Nichtjuden zu beachten waren und welche nicht. Erst nach ein paar Runden hitzigen Brainstormings im Konzil von Jerusalem wurde ein Kompromiss gefunden (Apg 5). Ein weises Machtwort aus dem Mund des Petrus löste schließlich das Dilemma:

Deshalb urteile ich, man solle die, welche sich von den Nationen zu Gott bekehren, nicht beunruhigen, sondern ihnen schreiben, dass sie sich enthalten von den Verunreinigungen der Götzen und von der Unzucht und vom Erstickten und vom Blut. (Apg 15,19-20)

Prozesse des Prüfens sind generell gemeinsame Aktionen in der Bibel. *„Denn mit weiser Überlegung führst du deinen Krieg, und Rettung kommt durch viele Ratgeber"* (Spr 24,6), mahnt der weiseste König aller Zeiten. Dieses Prinzip nimmt sich der gottesfürchtige Priester Pinhas zu Herzen, als es bei der Landnahme unter Josua beinahe zu einem ersten Bürgerkrieg unter den Stämmen Israels kommt. Es geht darum, ob die zweieinhalb Stämme, die östlich des Jordanflusses ihr Land eingenommen haben, einen gesonderten Altar für ihre geistlichen Zusammenkünfte bauen dürfen oder nicht. Die Häupter der anderen Stämme befürchten einen Bruch in der Einheit des Landes. Es kommt zu einem Säbelrasseln, aber statt eines Bürgerkrieges wird lange diskutiert und schließlich Frieden geschlossen:

Als der Priester Pinhas und die Fürsten der Gemeinde und die Häupter der Tausendschaften

Israels, die bei ihm waren, die Worte hörten, die die Söhne Ruben und die Söhne Gad und die Söhne Manasse redeten, war es gut in ihren Augen. (Jos 22,30)

Ein gemeinsames Ringen, Prüfen und Hadern verhindert Schlimmeres.

König David verlässt sich oft auf den Rat weiser Mitarbeiter, wenn er Pläne schmieden und Entscheidungen treffen muss. Seine Freundschaft mit dem Königssohn Jonathan ist legendär, auch mit den Propheten Samuel und später Nathan arbeitet er in enger Verbundenheit. Der *eine* Alleingang, den er sich erlaubt – die Affäre mit Batseba –, endet für ihn in einem Desaster. Als er beschließt, mit dem Bau des Tempels zu beginnen, und dem Propheten Nathan sein Vorhaben mitteilt, finden beide Männer zunächst ein freudiges „Ja" zum Projekt. Erst nachdem Nathan eine Nacht darüber schläft und einen ganz anderen Eindruck vom Herrn bekommt, marschiert er zurück zum Palast und storniert das Projekt. Davids Sohn Salomo – nicht David selbst – ist dazu bestimmt, den Tempel zu bauen.

Wie wir sehen, gab es auch für reife, erfahrene Männer und Frauen Gottes Prozesse des Prüfens, Stocherns und Suchens, die ihre Zeit brauchten.

Es ist nicht immer ein donnerndes „So spricht der Herr – alles klar!" direkt aus dem Himmel. Als Paulus auf seinen missionarischen Reisen unterwegs ist, erlebt auch er einige Fehlstarts. In Apostelgeschichte 16,6 wird er *„von dem Heiligen Geist verhindert"*, in Asien zu predigen. Danach versucht er, nach Bithynien zu reisen, und *„der Geist Jesu erlaubte es ihnen nicht"* (V. 7). Erst dann erscheint dem Paulus in einem Traum ein Mann, der ihn auffordert, nach Mazedonien zu kommen. Das ist der Startschuss für eine dynamische Gemeindearbeit in Philippi. Führung Gottes nach dem Prinzip „trial and error" (dt. Versuch und Irrtum).

Alles zu prüfen, bedeutet manchmal, in irgendeine Richtung zu stochern, nicht auf den Ausgang der Sache festgelegt zu sein und zu sehen, ob Türen aufgehen oder nicht. Und wenn nicht ... dann hat Gott doch etwas anderes vor oder hat uns vor irgendeiner Gefahr bewahrt.

ES GIBT IMMER EINE VORGESCHICHTE

„Prüft alles und behaltet das Gute." Die Kunst des richtigen Prüfens ist eine Kunst, die gelernt und trainiert werden muss. Sie geschieht nicht auf Anhieb, sobald wir Christ werden. Das Denken muss neu programmiert, die Seele neu verkabelt werden.

Das geschieht durch das Wort Gottes. Die Denkweise des Himmels wird zu unserer Denkweise, wir entwickeln ein Gefühl dafür, wie die Spielregeln des Himmels funktionieren, wie Gott die Dinge beurteilt, welche Prioritäten er hat. Die meisten Heldengeschichten in der Bibel haben eine Vorgeschichte. Die Hure Rahab, die ihre Familie aus der dem Untergang geweihten Stadt Jericho retten konnte, hatte sich schon im Vorfeld mit den Erzählungen über die Wüstenwanderung Israels und die Zeichen und Wunder Gottes beschäftigt (Jos 2). Gideon ist vom vermeintlichen Schweigen Gottes in Zeiten der Not tief enttäuscht, als der Engel des Herrn ihn aufsucht und ihm verkündet, dass gerade er eine Lösung auf diese Not sein soll (Ri 6). Hanna bekommt wie durch ein Wunder ihr langersehntes Kind. Das Lied, das sie daraufhin schreibt, zeugt von einer tiefen Gotteserkenntnis, die schon im Vorfeld ihr Leben geprägt haben muss (1Sam 2). Abigajil, die Frau Nabals, hat sich gründlich mit der Berufung Davids zum Königtum beschäftigt und sich ausführlich informiert, bevor sie all ihren Mut zusammennimmt, ihre Ehe und sogar ihr Leben aufs Spiel setzt, um David zu warnen, dass er seine von Gott gegebene Berufung nicht dadurch gefährden soll, dass er ein Blutbad an den Mitarbeitern Nabals anrichtet (1Sam 25).

„Also ist der Glaube aus der Verkündigung, die Verkündigung aber durch das Wort Christi" (Röm 10,17). Wer der Verkündigung der Wege und des Wesens Gottes sein Ohr leiht und sich die Botschaft zu Herzen nimmt und mit Glauben verbindet, wird nach und nach ein Gefühl für den Willen und das Denken Gottes entwickeln. Wer sich viel mit der Geschichte Gottes beschäftigt, kann damit rechnen, irgendwann selbst Teil dieser Geschichte zu werden. Er wird in der Lage sein, alles zu prüfen, und das, was von Gott ist, zu behalten, zu glauben und in die Tat umzusetzen!

ENDNOTEN

1 Reinhold Niebuhr auf Facebook-Seite „Soulsaver", Beitrag vom 16. Oktober 2023.

2 C. S. Lewis, https://www.faithwire.com/2023/12/18/cs-lewis-77-year-old-christmas-sermon-warns-of-post-christian-world-that-doesnt-know-right-from-wrong/?fbclid=IwAR2Gyk4H-RSxp-I0yjOTsyEfhvLlbmnO0oXTrgL-JMx5yca5zvK1SPUQyvw
Eigene Übersetzung durch die Autorin.

3 Ebd.

4 Peter Bruderer, „Die Gamaliel-Strategie" im Blog „Daniel Option", 25. August 2023: https://danieloption.ch/featured/die-gamaliel-strategie/

5 Charles Spurgeon, *Lehre uns beten* (Bielefeld: CLV, 2018), S. 12.

6 Nicola Vollkommer, *Wie ich lernte, das Chaos mit Gottes Augen zu sehen* (Holzgerlingen: SCM, 2021), S. 38.

Ein weiteres Buch von Nicola Vollkommer

Alltagstauglich
Gedanken zum Leben
Gb., 128 S., 11 × 17 cm
Best.-Nr. 271946
ISBN 978-3-86353-946-7

Wie kann ich Entscheidungen treffen, die Gott gefallen? Woher nahm Hiob sein Vertrauen auf Gott? Und was ist, wenn ich Gott nicht fühle? Anhand von Beispielen aus der Bibel und aus dem Alltag wird eine ganze Reihe relevanter Themen behandelt.

Nicola Vollkommer ermutigt mit Begeisterung und ermahnt in aller Klarheit und Liebe. Sie wendet die Bibel auf unser heutiges Leben an und zeigt, wie „alltagstauglich" die Bibel nach wie vor ist.

Bücher zu ähnlichen Themen

Rebecca McLaughlin
Das neue Credo
*Fünf säkulare Glaubenssätze
im Test*
Pb., 192 S., 13,5 × 20,5 cm
Best.-Nr. 271822
ISBN 978-3-86353-822-4

„Black Lives Matter"
„Liebe ist Liebe"
„Die Schwulenbewegung ist die neue
Bürgerrechtsbewegung"
„Frauenrechte sind Menschenrechte"
„Transfrauen sind Frauen"

Rebecca McLaughlin hilft Christen zu unterscheiden, welche Überzeugungen zu bejahen und welche problematisch sind und lädt damit zum Gespräch mit unseren Nächsten ein, um auf Gottes Liebe hinzuweisen, die das wahre Fundament für Vielfalt und Gerechtigkeit ist.

Rosaria Butterfield
Fünf Lügen unserer Zeit
Gb., 400 S., 13,5 × 20,5 cm
Best.-Nr. 271915
ISBN 978-3-86353-915-3

Bestsellerautorin Rosaria Butterfield widerspricht
fünf kulturellen Lügen, an die sie einst selbst
glaubte. Unsere Kultur verändert sich ständig. Gerade die Ansichten über Sexualität und Spiritualität
wechseln rasant. Die Autorin behauptet, dass das
Wort Gottes eine Antwort darauf hat, und entlarvt
anhand der Heiligen Schrift fünf Lügen, die sich in
unserer Kultur verbreitet haben. Es geht dabei um
Themen wie Spiritualität versus biblisches Chris-
tentum, Feminismus und Transgenderismus. Die
Autorin erzählt persönliche Geschichten im Tage-
buchstil, die mit Kulturwissenschaften, Literatur-
kritik und Theologie verwoben sind.